JN098547

丁寧道《ていねいどう》

THE ART OF MIND FULNESS

ストレスから自由になれる最高メソッド

武田双雲《たけだそううん》

TAKEDA SOUUN

祥伝社

はじめに――「疲弊」が存在しない僕の生き方をおすそわけします

こんにちは、武田双雲です。

僕には、よく聞かれることがあります。
「双雲さんは、どうしてそんなに幸せそうなんですか？」と。

講演会やＳＮＳなどで僕の話を聞いてくれる人、会社員や主婦・主夫として頑張っている人、起業家や大企業といわれる会社で幹部をしている人……。
属性はいろいろで毎日の過ごし方はさまざまだけれど、みんな自分をなんとか盛り上げているものの、どこかで疲れ切ってしまっている。感情をオフにすることで、ようやく自分を保っている。

そして、はたと限界がきたときに、毎日なんだか楽しそうにしているおかしな僕を見て、「どうしてそんなに幸せそうなんですか？」と聞いてくださるのです。


じゃあ、なぜ僕はいつも幸せなんだろうか——。

それはたぶん僕が「感謝オタク」だからです。

人はいつの間にか、自分に「ないもの」に意識が向きがちになってしまいます。

だから、常に心が満たされない状態になってしまう。

でもそこで、自分に「あるもの」に気づいて、感謝をすることができたら……日常の景色の見え方が変わってきて、自分自身の状態も変化してくるのです。


ただ、こういった話をすると、「双雲さん、『感謝』ってなかなかできなくて」という声も聞くようになりました。

「感謝」というのは、自然と湧き上がってきているときにはできますが、そうでないときに「感謝しなくちゃ」と思って感謝しようとすると、義務的でしんどくなってくる。

なかなかハードルが高いんですけど……、というわけです。

それでは、僕自身はどうやって自然と感謝できているのか——というと、その鍵が本書のテーマ「丁寧《ていねい》」です。

「え、丁寧に何かをするって感謝以上に大変じゃないですか？」

「時間もないし、なんだかめんどくさそう」

そんなふうに感じたみなさん、僕のオススメする「丁寧」は一般的にイメージされる丁寧とはちょっと違います。

僕はそれを「丁寧道《ていねいどう》」と呼んでいるのですが、「丁寧」の本質をつかんでから毎日を過ごしていただくと、どうしたって不幸な気持ちになれないのです。

それどころか、内側から無尽蔵に湧き上がるワクワクとした感覚で、毎日が楽しい気持ちで溢《あふ》れるようになります。

そして、なぜだか「丁寧道」を実践していたら、嫌なことが起きない、成果も出ちゃう、なんだかモテちゃう、お金も入ってきちゃう……そんなふうにいいことばっかり引き寄せるようになります。

では、僕がどんなふうに「丁寧」を意識してパラダイスな毎日を過ごしているのか、実体験をもとにした僕の理論からお伝えしましょう。

世の中的には明るくないニュースが続いていて、心が疲弊してしまっている方も少なくないことと思います。

この「丁寧道」を通じて、たくさんの人に持続可能な幸福感に包まれる毎日を過ごしていただければ嬉しいです。

丁寧道　目次

Chapter 1

「丁寧道」をやるとなんでいいの？

Chapter 2

「丁寧道」がうまくいくためのポイント 62

Chapter

3

「義務感」に気づいて、手放そう

Chapter 4 「認知」を変えれば、一生が変わる 136

ブックデザイン　金澤浩二
ＤＴＰ　キャップス
編集協力　福島結実子

Chapter 0

とにかく「丁寧道」をやってみよう

Are You 丁寧?

現代人はやるべきことがありすぎて、どうしても次々と「こなす」ことになります。でもそうなると、急ぐ、焦る、雑念が入る、自分を見失う……。だからここであなたも、生きてる実感、取り戻しませんか？　というお話。

この本の一番おいしいところをまずお伝えします（笑）

この本では、ここ数年、僕自身が身をもって体験してきた「丁寧」について、それを意識することがどれほど自分をいい状態に導いてくれるのか、ということを語っていきたいと思っています。

とはいえ、僕の「丁寧」理論をお伝えするためには、いろいろな角度からたくさん説明をすることになるので、読んでいるうちに「あれ、何の本だっけ？」となってしまうこともあるでしょう（笑）。

だから、まずこの本の肝で、一番おいしい部分の**「丁寧道」の実践**についてお伝えしちゃいましょう。そのあとで、「丁寧道の何がいいの？」という話をしていきたいと思います。

双雲流「丁寧道」のやり方

いま、あなたはお風呂場の中にいる、と想像してみてください。これから髪を洗おうと思っています。当然、シャンプー容器のポンプを押しますよね？

そのとき、シャンプーの容器をできるだけ丁寧に、楽しそうに全神経を駆使して味わってみてください。

たとえば、ポンプをいつもよりじっくり押して、そのときの「しゅこ〜、しゅこ〜」という音に耳を澄ましてみる。「意識して聞いたことなかったけど、いい音だなぁ〜」「やさしい音だなぁ〜」なんて感じてみるのもありです。

また、シャンプーの容器を楽しそうに眺めてみてください。ちょっと見てみると、容れ物・ポンプ・ポンプの中の部品等々、いろいろなものを組み合わせてくれているおかげで、スムーズにシャンプーが出てくることがわかります。

それに、想像をめぐらしてみると、温もりのあるピンクの容器も、涼しげなブルーの容器もメーカーやデザイナーさんがさまざまな工夫を凝らしてくれて、ああでもないこうでもないと改良しながら使いやすいものにしてくれているんだなぁ～なんていうイメージも湧いてきます。

そして浴びているシャワーの一滴一滴が、顔や頭に当たっている感覚もじんわりと感じ取ってみてください。

どうですか？

多くの方は、特に何も意識することなく、ポンプを押して、わしゃわしゃ洗って、ただお湯で流す、といった感じでシャンプーを済ませているのではないでしょうか？

もちろん、それが一概にダメなわけではありません。

でも、この本を手にとったのも何かの縁なので、バカバカしい、めんどくさい、と思った方も、だまされたと思ってちょっとやってみてほしいのです。

「シャンプーは別に……」と思った方は、他のどんなものでも構いません。

・朝、歯を磨くときなら、歯ブラシの色やブラシの毛先の様子をじっくりと見てみる。歯磨き粉をつけて口に入れたら、歯に当てる瞬間の感触や動かしたときのブラシの毛の流れに意識を置いて、気持ちよさを感じてみる。

・通勤中なら、電車の手すりの金具を持ったときにそのひんやりとした温度を感じてみる。つり革があったら、その材質や正確な丸さをまじまじと見てみる。運よく座れたら、座席に接しているお尻を通して、シートの質感や固さなどを感じてみる。

・昼食が一人で立ち食いそばだったとしたら、ただ腹を満たすためだけにそばを流し込むのではなく、七味を振ったときの「シャッ、シャッ」という音を味わってみたり、そばをするときの唇やノドに全神経を集中してみたりする。

・おやつにポテトチップスを食べるなら、目を閉じてカリッという音に耳を澄ませながらじっくり噛《か》みしめてみる。チョコを食べるなら、噛んですぐに飲み込むのではなく、しばらく舌の上で甘さをじんわりと味わい、深呼吸してにっこり微笑んでから「あぁ、本当においしいなぁ」とボソッとつぶやいてみる。

・料理をつくるときなら、食材を包丁で切るときの感触に意識を向けてみる。それを炒《いた》めるときの「ジュー」という音に心湧きながら集中する。フライパンを振るときの重さをじっくりと感じてみる。

・勉強前なら、一度いつもどおりにペンケースのチャックを開けてみる。そして次はじっくり見てみて、開ける前に触ってみたりして、チャックの色とか、素材とか、温度とかを確認する。そのチャックをいつもより半分ぐらいのスピードでちょっと楽しそうにじっくり味わって、チャックの音を感じながら引っ張ってみる。

要は、**対象は何であってもいいので、あなたの気の向いた瞬間に、「対象を丁寧に感じ尽くす」（＝「丁寧道」）ということをしてみてほしい**のです。

「え〜、そんなことバカらしい」と思った人でも……

・仕事帰りの食卓でビールを飲むときには、いつもよりじっくり缶を開けて「プシュッ」という音に耳を澄ましてみたり、グラスに注ぐ「トクトク」という音を味わってみたり、あえてノドを渇かしておいてビールのキレを「くぅ〜っ」と感じ尽くしてみたりして、ニンマリしていないでしょうか？

・コーヒー好きの人は、ミルで「ザザザ〜」と豆を挽《ひ》く音を楽しみながら、お湯をじっくり注ぎ、そこから立ち上がってくる香りに至福を感じてはいないでしょうか？

・温泉好きの人は、湯に浸《つ》かる瞬間から足で温度を感じつつ、湯の肌触りや体がほぐれていくのを味わいながら、「あ～、極楽だ～」と笑顔になっていませんか？

・サウナ好きの人は、熱や流れる汗を感じつつ、その汗をシャワーで流す気持ちよさ、水風呂での冷たさを肌で味わい、そのセットを丁寧に繰り返すことで深い陶酔感に浸《ひた》っているのではないでしょうか？

・ケーキ好きの人は、スイーツ店でケーキが出てきたら、ババーッと食べずに「ワーッ」とか「かわいい～」とか「何これイチゴ大きくない？」みたいに喜びながら、ものすごく丁寧にケーキにフォークを刺しているのではないでしょうか？

・高級な化粧品を使っている人は、美容液を手のひらにとりながら、めちゃくちゃ丁寧に顔を包み込んで肌になじませていないでしょうか？

・猫好きの人は、猫の顔や頭をなでたり、毛並みや触り心地を味わったりしながら、「あ〜うちの子って、ほんとかわいい」と幸せを堪能していないでしょうか？

・車好きの人は、ただ水をばちゃばちゃかけるのではなく、車のボディーを愛《いと》おしんだり、ぴかぴかの磨きっぷりにほくそ笑んだりしながら、丁寧に洗車しているのではないでしょうか？

これらも、すべて立派な「丁寧道」の一つです。

難しく考える必要はないので、いま言ったようなことに覚えがある人は、**自分が自然とやっていた丁寧な行為から始めてみてもらえるといい**かもしれません。

たとえば僕なんかも、ペンケースのチャックを開け閉めするだけで、「素材感とか色とか超かわいいなー」「うわっ、全部開け閉めしなくても3分の2だけ開けるのもエモいなー」「冷静に考えるとこんな絶妙なチャックの嚙み合わせを考えた人、天才だなぁ」とか思っているうちに、気づくとチャックのメーカーさんに感謝とかしています。

こんなふうに、**丁寧という観点を導入することで、日常の動作をちょっと楽しんでみてほしい**のです。

そして、その丁寧さを段々といろんなことに広げてみてもらいたいのです。

「丁寧道」においてやることは、五感でテイスティングするだけ

いま実践してみていただいた「丁寧道」。

実はやっていることは、茶道を大成した、かの千利休《せんのりきゅう》と同じです。

そもそも「お茶を淹《い》れて飲む」というのは、言ってしまえば、茶葉や抹茶に湯を注いで飲むという動作にすぎません。

根源的には、水分子にカテキン分子が入っている液体を、重力を利用して食道に流し込む物体移動にすぎないわけで、適当にジャーッと湯を茶碗に注いでズズーッと飲

んでもお茶はお茶ですよね。
でも、そこであえて、茶杓《ちゃしゃく》や棗《なつめ》にまでこだわって抹茶を茶碗に入れ、さらに作法に則りながら茶釜から柄杓《ひしゃく》を使ってお湯をちょぼちょぼと注ぎ、茶筅《ちゃせん》でお茶を点《た》ててお客に出す。

客のほうでも、茶碗を回していろんな方向から愛《め》でながら、かけ軸や挿してある花を眺め、勧められたお茶をぶわーっと香りまで味わいつつ、飲み干す音や袱紗《ふくさ》・懐紙《かいし》の捌《さば》き方にも意識を払う……こうした素人目に見るとめんどうでムダそうなことをして、いわばお茶やその場の空間全体を**丁寧にテイスティング**しているわけです。

では、「適当にジャーッと湯を茶碗に注いでズズーッと飲むこと」と、「さまざまなことに意識をおきながらお茶を飲むこと」の差ってどんなことなんでしょうか？

本の核になる「丁寧道」でやる行為そのものはこれだけなのですが、その「丁寧」が何をもたらすのか、どうして人生をよりよくしてくれるのか、次のChapterからいろいろと理論をご説明していきたいと思います。

実践：「丁寧道」

❶ふと気がついたら、その瞬間に丁寧に行なってみる

起きる、着替える、歯を磨く、顔を洗う……どんなことでも構いません。まず日常の中にあるささやかな行動をピックアップしてみて、それをできるだけ丁寧に行なってみましょう。

❷五感をフルに使って、丁寧に意識を向ける

「丁寧道」をするときのポイントは、一つひとつを味わうことです。

普段、流れ作業で済ませていることを「視覚」「聴覚」「触覚」「味覚」「嗅覚《きゅうかく》」をフル稼働させて、「うわぁー！」と〝楽しそう〟に（※ここ重要です。冷めた気持ちではなく）感じ尽くしてみてください。

❸静かなるワクワクを楽しんでみる

やってみると、人によっては高揚感が湧いてハイな感動を覚える場合もあります。

ただ、そうすると次に「丁寧道」をする際に、「あのときのような感動がない！」「ペンケースを丁寧に開けてみたけど……って？」みたいに、段々と物足りなく感じて、結局続かないようになってしまいます。

もちろん、ときにはハイな感動もOKです。でも、ずっとそんな感動が訪れていたら、ドラッグ状態ですよね。ここではハイになることが目的ではありません。

むしろ、ありのままに、心穏やかに、「このパジャマの生地、サラサラだなぁ」「歯ブラシをいつもと違う角度で歯に当てると面白い感触だなぁ」というように、丁寧に行なっている瞬間の感覚を気持ちよく味わい、静かな感動に浸ってみてください。

武田双雲の声で「丁寧道」を実践してみよう。QRコードから約30秒の音声をお聞きいただけます。お手元にペンケースのご用意を！予告なく終了する場合があります

Chapter 1

「丁寧道」をやるとなんでいいの？

「丁寧道」≠おしゃれな暮らし

「丁寧」と聞くとお高く留まってる印象を持つ方もいますが、そっち系ではなく、ワクワクに近いイメージです。そんな、「丁寧」に味わうだけで性格も実力も関係なくうまくいくから、まずその波に乗っちゃおうぜ、というお話。

「丁寧道」はマインドフルネス＆マインドセット

では、「丁寧道」を実践したとき、あなたの身に何が起きているのかを解説していきましょう。

最初にずばり言ってしまうと、**「丁寧道」を実践しているときには、あなたはマインドフルネス状態**にあります。言い換えれば、**とてもリラックスしながら雑念のないゾーン状態**と言ってもいいでしょう。

料理を例にしてみましょう。

普段、あなたが料理をしているとき、多くの場合、無意識のうちに思考回路が働いています。そんなつもりはなくても、「あの仕事を明日には片づけなくちゃ……」「早くお弁当づくりを終わらせて、子どもを送り出して……」というような感じです。

ポジティブなものであれば問題もありませんが、中には単なる段取りのことだけでなく、「あの仕事、憂鬱《ゆううつ》だなぁ」「あの取引先の人に会うの嫌だなぁ」みたいなネガティブなことも含まれてきます。気づいたら、作業しながらため息をついていたなんてこと、覚えがないでしょうか？

そういうときのあなたは、目の前の料理をしていながら、実は料理をしていません。心ここにあらずなので雑にもなりますし、何より自分自身に対する意識＝「自我《じが》」に囚《とら》われ続けてしまっています。

つまり、日々の心配事や自分自身へのネガティブな声がエンドレスループし、目の前の「いま、このとき」から意識が離れ、**さまざまな負のノイズで包まれてしまっている状態**なのです。

でも、そんなときに**「丁寧道」を実践してみると、負のノイズが止まります。**

たとえば料理をしているときに、野菜を切っているとしたら、その感触にフルで意識を向けて素直に味わってみてください。

それこそ、ながら作業で漫然と切るのではなく、包丁を入れたときの「サクッ、サクッ」という音、包丁がまな板に達するときの「タン、タン」という音を意識して聞いてみるのです。

どうでしょう?

その味わっている瞬間には、「あの仕事、憂鬱だなぁ」といった負のノイズは、同居していないはずです。いわゆる没頭している状態ともいえるかもしれません。

自分の機嫌をアウトソーシングしていませんか?

みなさんの毎日に小さくない影響を与えている負のノイズ、実はこれは抑えることができます。

わかりやすい例から挙げると、僕が学生の頃、野球で巨人が勝った翌日はわかりやすく機嫌がよくなり、負けた翌日はわかりやすく機嫌が悪くなってしまう先生がいました。おそらく、その先生の頭の中には無意識のうちに「ピッチャーの○○が甘い球を投げたから〜、くそー」なんてノイズが渦巻いていたんじゃないかと思います。

こう聞くと、「そんなものに機嫌を左右されなくても……」と思う方も少なくないでしょう。

でも、これって「天気が悪いと気持ちが落ちる」「わが子の出来が悪いと心配が増大する」「今日の仕事は気が重い」なんていうこととも、実は同じ構造なのです。

つまり、巨人ファンの先生も、天気が悪くて気持ちが落ちている方も、わが子の出来の悪さに沈んでいる方も、先々の仕事に憂鬱になっている方も、みんな**自分の機嫌を外部で起きたことに委託（アウトソーシング）してしまっている**、ということです。

ただ、ここで考えてみてほしいのは、その機嫌って本物なんでしょうか？

たとえば、あらかじめ「雨って癒《いや》されるよね〜」と思っている人が外に出たとしたら、悪天候に反応して気持ちが落ちることはないんじゃないでしょうか？

要は、**先に自分の機嫌のマインドセットができていれば、外部要因からネガティブな影響を受けない自分でいることができる**はずなのです。

そして、それを自動的につくってしまおうというのが、僕の言うところの「丁寧道」の目的でもあります。

先に「このお風呂の温度、さらさらなお湯の肌触り、最高だなぁ〜」と味わっているその瞬間には、「あの取引先が……」なんて思えません。

逆に、ずっと頭の中に「あの仕事が気がかり……」という気持ちがあったとしても、楽しみにしていたビールを一口飲んで「くぅ〜、ノド越し最高！」と感じている瞬間には、その負のノイズは消えていますよね？

こんなふうに、**「丁寧道」は集中、集中と自分に言い聞かせなくてもできるマインドフルネスであり、自分の機嫌が自然と整うマインドセットでもある**のです。

僕が「丁寧道」に行き着いた理由

どうでしょう？

少しは「丁寧道」に興味を持ち始めてもらえたでしょうか？

そういう僕自身も、いまでも基本的にはせっかちな性格で、雑なところもたくさんあります。

でも、書道をしていると、どうしても普段の生活が出ます。生活が乱れているときにはやっぱり筆も乱れてしまう。いくら書を書くときに集中しようとしても、その瞬間だけではなかなかいい状態にはなれないんですよね。

それこそ会社員の頃の僕は、ただ字を書くのは好きだったんですけれど、プロになろうとしたとき、書道が「自分の趣味」から「他人を喜ばせる」に変わり、評価にさらされてお金をもらうとなったときにプレッシャーを感じるようになりました。

それまでただ無心に楽しんでいたのが、自分に厳しくなって「下手だなぁ」と思って情けなくなったりする。**緊張したり、焦ったりして、負のノイズが働いて落ち込んでいった**のです。

そこでいろいろ試すようになりました。

たとえば、普通ではしないような筆の寝かせ方をして書いてみたり、やたら墨《すみ》をにじませてみたり、かすれを増やしてみたり、わざわざ字を崩したり……。

自分の枠の中に閉じこもっていてはたぶんこのまま無理だろうなと思って、若いんだから斬新《ざんしん》なことをしようと考えて新しいことにチャレンジをしてみたのです。

そうするうちに、うまい人、テクニックのすごい人、器用な人はいっぱいいるし、完璧に写実できる人もいるけれど、僕には他人に劣らないための技術ではなくて「**思い**

遣《や》り」が大事なんだということに気がつきました。

というのも、「思い遣り」って思いを遣る、思いを派遣する、と書くわけですけど、字を書こうと思うときに「自分がどう評価される」とか「俺が！」「私が！」となっているると「思い」って「遣れ」ないんですよね。感動するような字に出会いたいお客様の前に、「自分がどう評価されるか」という思いを持った字をぶつけても届きません。

つまり、**「思い遣る」ためには、自分の自我（負のノイズ）の中に閉じこもっていてはうまくいかない**のです。

そして、そういった「思い遣り」は、「自分に余裕がない」とか「自分にすごく枯渇感がある」とか「焦っている」とか「お腹が空いている」といった状態では、発揮できません。やっぱり**心身ともに健康で、整っていて、余裕があって「機嫌がいい」状態であることが重要**なんです。

じゃあ、「思い遣り」を持てるために、どうしたら自分の機嫌をよくできるかというと、ここで前項の話に戻ります。そう、**「丁寧」を意識すること**なのです。

人間は完璧ではないので、自分のことで一杯いっぱいで、「人のために」とか「あの人が幸せになるように」とか「何か自分がしてあげられることはないかな〜」といった感覚に自然となれることって、なかなか簡単ではありません。

だからこそ、自分の機嫌をよくできる「丁寧道」は、「思い遣り」へのハードルを下げてくれる近道であり、それが**結果的にパフォーマンスの向上にもつながる**のです。

実は、超一流たちも「丁寧」だった

そんな丁寧の効能に気づいて書道家として歩んできた僕でしたが、ふと世の中を見渡してみると、長年第一線で活躍している人には自然と「思い遣り」と丁寧を実践している人が多いことを発見しました。

たとえば、プロレスラーのアントニオ猪木《いのき》さん。男気があってワイルドなイメージなので、一見雑そうにも思えてしまいますが、最初の掛け声は丁寧語で「元気ですかー?」。「元気出せ、この野郎!」じゃないんですよね。

闘魂ビンタも、相手がちゃんと構えてベストなタイミングで怖くないように一番痛くない打ち方をされています。本気でやったら死んじゃいますからね(笑)。

極めつけは、「1、2、3、ダーッ」と、ちゃんと会場の人たちのリズムを待ってくれています。すごい「思い遣り」と丁寧さです。

また、ロック歌手の矢沢永吉《やざわえいきち》さんなんかも、ワイルドなイメージとは反対に「Are you happy?」(幸せですか?)と聞いてくれる。これも紳士ですよね(笑)。

他にも、バラエティ番組でよく見るマツコ・デラックスさんや有吉弘行《ありよしひろいき》さんの毒舌も丁寧です。

考えてみると、テレビという誰が見ているかわからない、観客が見えない怖さがある中で、結構えぐいことや否定的なことを言いながら、実は誰も傷つけてないっていていうのはすごい技ですよね。あれも「思い遣り」込みの丁寧ではないでしょうか。

　そして、僕が実際にテレビのお仕事をする中で接した所《ところ》ジョージさんや宇津井健《うついけん》さん、高橋英樹《たかはしひでき》さんも本当に丁寧を極められた方々でした。

　バラエティ番組の撮影の中で僕がその場で書いた書に対して芸人さんたちが面白おかしく暴れるっていうネタ的な現場があったんですけど、所さんは会うたびに「こんな番組であんなことやって」って丁寧に謝ってくれるんです。しかも、会うといつも「双雲さんおみやげ〜」って気遣ってくださる。

　宇津井さんと高橋さんは、僕が芸能人に書道を教えるというコーナーに出た際にたくさんの芸人さんやタレントさんと一緒に出演されていたのですが、僕だけ居残りの収録があったにもかかわらず、それが終わるまで待っていてくださり、お二人で「先生、今日は誠にありがとうございました」とおっしゃられて、ものすごい丁寧なお辞儀をされていきました。

……少し例が長くなりましたが、つまり何が言いたいかというと、**その世界の第一線に長年いらっしゃる方ほど丁寧さをムダなもの扱いしていない**、ということです。

ここで話に出したみなさんが、どうやって丁寧に行き着いたのかは僕にはわかりません。それでもみなさん例外なく余裕を持って周りを見られる整った心の状態があって、それをもとに「思い遣り」と丁寧さを発揮されている。

思い返してみると、サッカーの長谷部誠《はせべまこと》選手の著書は『心を整える。』で、野球の松《まつ》井《い》秀喜《ひでき》選手の著書は『不動心』というタイトルでした。そういうふうに手法やアプローチの仕方はそれぞれ違っても、みなさん自分をいい状態に保つ術を編み出していて、スポーツにしろ、アートにしろ、人間関係にしろ、さまざまな場所で丁寧さと思い遣りを発揮されているのです。

いかがでしたか？

多くの場合、「成果を出すためには丁寧なんてやってられない」「丁寧は効率が悪い」と思われがちなのですが、こんな話からも丁寧の有用性が伝わったでしょうか？

「丁寧」＝遅い、ではない

先程の話を読んだ方の中には、「第一線の芸能人やスポーツ選手はお金もあるからゆとりも生まれるけれど、それは特殊な例で、普通、丁寧になんてやっていたらいくら時間があっても仕事が終わらないよ」と思った方もいるかもしれません。
ただ、それについても僕は異論を述べたいと思います。

きっと、多くの人は、何かを「丁寧にする」というと、ちょっと「ゆっくり」した動きが思い浮かぶのではないでしょうか。

でも辞書的な意味でいうと、**「丁寧」とは「注意深く心がゆきとどくこと。また、て**

あつく礼儀正しいこと」（広辞苑）だそうです。

そう、「ゆっくり」というのは、「丁寧」の定義に含まれていないのです。

もちろん、何かに対して「注意深く心がゆきとどく」とき、あるいは「てあつく礼儀正しい」ときに、動作がゆっくりになる場合はあるでしょう。

だからといって「ゆっくり」が「丁寧」の必要条件というわけではない。

「ゆっくり丁寧に」というのは想像しやすいと思いますが、**実は「ゆっくりではない丁寧」もある**のです。

逆方向から考えてみると、もっとイメージしやすいかもしれません。

「丁寧」の逆は「雑」です。つまり、**違いは「丁寧にするか、雑にするか」であって、「速いか、遅いか」ではない。**スピードは関係ないのです。

たとえば、現役時代に日米通算で4367安打を打ったイチロー選手のスイングスピードは、めちゃくちゃ「速い」ですよね。

イチロー選手は、そんな目にも留まらぬ速さの動作の中で、どんなふうに足を上げるか、どんな軌道でバットを出すか、どんな角度でバットをボールに当てるのか等々、一瞬の時間の中でものすごく「丁寧」にやっていたんじゃないでしょうか。

そうでなければボールをバットの芯《しん》で捉えたり、逆にあえて芯を外して内野と外野の間を狙ってヒットを飛ばしたりすることはできなかったでしょう。

守備のときに、ライトで捕ったボールをバックホームするときもそうです。

どこに打球が落ちてくるのか、どんなふうに落下地点まで走るか、どんな体勢で捕球するのがいいか、どんな軌道を狙ってどういった投げ方をするか、こういったことが嚙み合わないとランナーをアウトにはできないことでしょう。でも、**その瞬時の判断や動作をおそらくものすごく「丁寧」にやられている。**

だから「レーザービーム」なんて呼び名がつけられるくらい、正確にボールをホームに届けることができたわけです。

もう一つ例を挙げましょう。

速さでいえば、極めつけはF1レースです。

時速300キロなんていう、常人では耐えられないようなスピードを出す中で、周りのレーサーの動きを把握し、無線でチームからの指示もイヤホンで聞きながら、ハンドルも常に意識して、ギリギリのコースを攻めていく。

ハンドル操作一つ誤れば、一瞬でクラッシュして命を落としてしまう。

スピードを競う人たちほど「丁寧」を意識しているはずで、**「丁寧にすると遅い」というのは、イメージからくる誤解**なのです。

実は、丁寧にやるとスピードも効率もついてくる

芸能人やスポーツ選手ではない方であっても、「丁寧」≠「遅い」というのは当てはまります。

「丁寧」をある程度の期間やってみていただければ体感できてくるのですが、**丁寧の**

ほうが結果的になぜか早い。

というのも、丁寧じゃない人は焦っていることが多いので、雑になってトラブルが起きやすくなる。まさに「急がば回れ」っていうことわざのとおりなんです。

たとえば、お皿洗いのアルバイトをしているとします。

雑にガチャガチャ洗っていれば、目先のスピードという成果は一応得られるかもしれません。でも、雑に洗うと汚れが残りやすいうえに、お皿を乱暴に扱って欠けたり割れたりする確率も高くなるので、総合的な意味での成果は低くなるでしょう。

それに、雑にしていると心が荒い状態なので、ちょっと油汚れがひどい食器が運ばれてきたりすると、すぐに自分の機嫌がイラッとする方向に反応してしまいます。そしてイラッとするたびに作業の流れが止まります。

一方、丁寧に洗うと、目先の時間は多少かかるかもしれないけれど、まず汚れは残らないし、破損の確率も格段に低くなります。

それに、心が整うので体感時間として長時間に感じず、サクサク淡々とお皿を洗っていくことができます。油がこびりついた食器が運ばれてきても、少しも心を乱されずに「あ、これね、オッケー♪」っていう感じで、スーッと汚れ落としに取りかかることができるでしょう。

そして実は思っているほど、せかせか洗っているときと、丁寧に洗っているときで、実際の時間の差もありません。

つまり、**結果的に「より早く、よりきれいに、お皿の破損もない」というパーフェクトな成果を得られるのは、一見スピードだけは速い「雑」よりも「丁寧」のほう**、ということになります。

こんなふうに「丁寧」ならば、質・量ともに望んだことが叶います。また、あらゆる仕事にも同じことがいえると思います。

でも、「なんだ、仕事が丁寧だとミスが少ないってだけの話？」「丁寧にやりなさいっていう、昔ながらの道徳的な話？」とがっかりされた方のために、次の項でもう少しその丁寧状態の裏側で起きていることを説明しましょう。

すべての源はエネルギー

では、「丁寧」にやるとなぜ早いのか、「急がば回れ」に関する僕なりの理論をもう少しお伝えしましょう。

キーワードは、「エネルギー」と「波動」です。

僕はもともと理系で物理学が好きなので、少々おおざっぱでざっくりとした説明になりますが、物理学的な話も交えてみましょう。

みなさんは、**アインシュタインが特殊相対性理論から導いた「E＝mc^2」という式**をご存じでしょうか。

Eはエネルギー（J：エネルギーの単位であるジュール）、mは質量（kg：キログラム）、cは光の速さ（メートル毎秒）を表わしています。

これは、エネルギーと質量の関係を示した式で、「**エネルギー（E）は、物質の質量（m）に、光の速さ（c）の二乗をかけたものに等しい**」という意味です。

たとえば一例を挙げると、1円玉は1g（0・001kg）の質量があるので、そこに光の速さ（約30万キロメートル毎秒＝約3億メートル毎秒）の二乗をかけると90兆ジュールのエネルギーを持っていることになります。

この90兆ジュールは、消費電力を表わす単位のキロワット（kw）に変換すると2500万キロワット。環境省によると、2017年に一世帯が一年間で消費した電力量は全国平均で4322キロワットだそうなので、割り算をしてみると1円玉が持っている質量をエネルギーに100％変換できた場合、一般家庭の約5784年分になる、という計算です。

もちろん、実際には質量を簡単にエネルギーに変換できるわけではないのですが、1

円玉という存在の中に実はそれだけのエネルギーが秘められている、ということがこの物理法則によって理論づけられているわけです。

ちなみに、この**「E＝mc²」の理論を活用して、実際に質量をエネルギーに変換している代表的な例が原子力**です。

原子力というのは「ウラン235」という原子の核に中性子をぶつけることで核分裂を起こさせるのですが、その際「ウラン235」の原子核の質量は減少します。

すると、「E＝mc²」という式におけるm［質量］が減るわけですから、掛け算の答えであるE［エネルギー］も減りますよね。

つまり、原子力によって発生するエネルギーというのは、「ウラン235に秘められていたエネルギー」のうち核分裂によって減った質量の分が、熱などの形に変換されて外部に放出されたものなのです。

というわけで、なかなか小難しい話になってしまいましたが、要は**「質量を持つ存**

在はエネルギーを持っている」ということが、僕の言いたいことです。

この理論は何も1円玉や原子力の話だけではなく、すべての質量を持つものに当てはまります。

つまり、**体重という質量を持つ僕たち人間も例外なくエネルギー体だということ**なのです。

さらに「波動」の影響を受ける

ここで僕たちの体についても考えてみましょう。

人間の体は、その約60％が酸素原子と水素原子が結びついた水分子からできているといわれています。

加えて、その水を除く残りの40％のうちの約半分は炭素原子、2割が酸素原子、1割が水素原子で、その他にも窒素《ちっそ》原子、カルシウム原子、リン原子、カリウム原子などから構成されているとされています。

要は、僕たちの体はさまざまな原子から構成されており、もちろんその原子には質量があるため、エネルギーを秘めているわけです。

言うなれば、**あなたの体は数多くの原子から成り立っており、さらにそれぞれの原子はプラスまたはマイナスのエネルギーを帯びていて、あなた自身に影響を与えている**、とイメージしてみるとわかりやすいかもしれません。

また、さらにいえば、エネルギーはどんなふうに伝わっていくのかというと、これは**振動による波の形で伝播《でんぱ》していきます。**

イメージしやすいところでいうと、電波や音波がそうですし、光も実は波です。

それぞれに固有の周波数と波長を持っていて、たとえば音楽の授業で使う音叉《おんさ》のように、同じ音の振動数を持つ音叉同士は、片方を叩いて鳴らすだけで振動の波が伝わり、叩いていないほうの音叉をも鳴らすことができる（共鳴する）わけです。

そして、この波動というものは、目で見ることができないだけで、僕たちにも影響を与えています。

すなわち、自分の発した波に共鳴する同じ周波数の波が自分に返ってくる、ということです。

説明が長くなってしまいましたが、ようやく見えてきたでしょうか？

つまり、**あなた自身が発するエネルギーが波となって伝播するとともに、あなたの発した波と共鳴するエネルギーが引き寄せられて、あなたの現実をつくっている**、ということです。

これは、スピリチュアル的な話ではなく、物理学的にそうなっているのです。

「丁寧」が生み出す波動に乗ろう

では、いよいよ話を「丁寧」に戻しましょう。

先程、あなたの発したエネルギーの波が、あなた自身の現実に反映されるということをお伝えしました。

つまり、あなたが焦っているエネルギーを発すれば焦らされる現実が、イライラするエネルギーを発すればイライラさせられる現実が、上機嫌なエネルギーを発すれば上機嫌になるような現実が、それぞれやってくるということなのです。

アルバイトでお皿を洗う例でいえば、ただ表面的に「雑だとお皿を割っちゃうケースがあるよね」という道徳や倫理の話ではなく、**「物理法則的に雑な波動がお皿を割**

る現象やイライラさせられる現実を呼び寄せている」ということになります。

ということは、丁寧に意識を向ければ、自分の負のノイズをシャットアウトすることができ、負のノイズが止まれば上機嫌になれるので、その上機嫌の波動がまた上機嫌になれる現実を連れてくる――。

つまり、**結果的に丁寧なほうが効率もよくスピーディになる**、というわけなのです。

丁寧にすると、快適なことだらけ

僕自身も「丁寧道」を心がけるようになってから、自分の身の回りでスムーズなことが増えました。

たとえば、僕は車の運転が好きなんですけど、温度を感じながら本当に丁寧にハンドルを握ってみたんです。それこそ一番いい具合だと感じながら握り、タイヤとの連動やサスペンションの振動を味わって、タイヤとのコミュニケーションをする、みたいな。エンジンの吹き上がりとか、座席の革《かわ》をなでなでしたりとか。

そうやって運転していると、なぜか渋滞の中でも急いで焦っている運転の荒い周りの車よりも早く着いちゃうんですよね。

車線変更を繰り返しながら、もうバンバン抜いてビービーとクラクションを鳴らしながら走っている車なのに、最終的には気分よく丁寧に走っている僕がなぜかスーッと先を行っちゃう、みたいなのがよくあるんです。

そもそも僕は急いでないんですけど、何かそういうことがよく起きる。

だから、それに気づけば急ぐ必要がないし、本当に「急がば回れ」って深いなぁと感じるんですよね。

他にも、お昼ごはんを超丁寧に食べていたら、波動が整うからその日の午後の仕事のトラブル率が減ってるんですよ。何しろ波動が整っているんで、無駄な仕事がこない。自分を振り回す人が現われない（笑）。

もちろん、1日単位では実感を持ってはわからないかもしれないけど、これが3日、1カ月、1年、3年単位で見るとその差がもう大きい。

僕の場合は「丁寧道」歴が長くなってきたので、コンビニの自動ドアに感動していたら、公に発信したわけでもないのに、それから数日後に自動ドアの開発者から対談の依頼がきたりする。

「血液ってすごいなぁ、面白いなぁ」と思っていると、1週間ぐらいで突然血液の学会の偉い方から僕のファンだとメールが届いて、3時間ぐらい食事をしながら「ヘモグロビンって体のここで製造するじゃないですか?」とか「どうやって赤血球に?」とか質問する機会に恵まれる。「あ、それはですね。もうここまでわかってるんですよ」なんて答えてもらえちゃったりもする。

エレベーターについても、ボタンのある場所の絶妙さとか、ソフトな停止の仕方とか、何で揺れないんだろうとか、どうして安全なんだろう、って丁寧に味わっていたら、自然と技術者の人たちへの感動が止まらなくなっていて、そうしたら程なくエレベーターの会社から(しかも複数の競合他社から)一遍にお仕事の依頼をいただいたこともありました。

そんなふうに、**丁寧を意識して上機嫌で生きていると、そのいい波動や興味関心のエネルギーが伝わり、自分のところに返ってくる**んです。

僕はいま、書道家以外にも、現代アートを描いてみたり、オーガニックのお店を開いてみたりしているんですけど、**結果的に成果も出ちゃうし、興味のある分野からオファーがきてモテちゃうし、お金も入ってきてしまう（笑）**。

それに、問題も起きません。

よく仕事では「問題解決能力」の高い人が重宝されますが、本当は**「問題引き寄せない能力」**があるほうがよくないでしょうか？

企業側から見ても、「問題を解決できる人材」より、「問題とは無縁で、なんか知らないけど、うまくいってしまう人材」のほうが、問題解決にかかる時間やコストがないので絶対いいですよね。

個人としても、問題がこないことで幸福度が高くなるので、断然オススメです。

みなさんも想像してみてください。

よく並行して存在する別の世界（時空）のことを、パラレルワールドなんていいますけど、それこそみなさんの前には、これから「丁寧に過ごした世界」と「雑に過ごした世界」の二筋のパラレルワールドが広がっているのだと思います。

もちろん、どちらの生き方もありです。

でも、どうせなら僕と一緒に「丁寧」に生きてみませんか？


僕自身は、丁寧を意識した結果、楽しいめぐりあわせが頻発《ひんぱつ》するようになって、その仕組みが見えているんで、そうなるともう絶対「雑側」には行けません。

意地でも忙しくしたくなくなるし、意地でも不機嫌になりたくなくなるんです。だって、焦ったり、イラついたりする必要性がまったくないとわかっているから。

みなさんも、丁寧のほうが早くて、利益が出て、なんだかモテちゃうんだったら、絶対丁寧のほうがよくないですか？（笑）

おさらい：「丁寧道」の仕組み

❶「丁寧道」は、負のノイズを止めるマインドフルネス

わざわざ行動を丁寧に味わうことをオススメする理由、それはみなさんの中にあるネガティブな思考のノイズをストップさせるためです。

物事を丁寧に味わっている瞬間だけは、ある種の無の境地に至って、日々のストレスから自分を解放してあげることができます。

❷「丁寧道」は、ゆっくりではない

忙しいのに「丁寧道」なんかやってられない、と思われた方。何かを丁寧にやることは、決してゆっくりになることではありません。

一流スポーツ選手は、丁寧に自分の動作を感じながらプレイしていますが、その動作にかかっている時間は一瞬ですよね。時間がかかるからやれない、は事実ではないのです。

❸「丁寧道」はいいエネルギーを生み出す鍵

人間はエネルギー体であり、自身が発したエネルギーが波となって同じ波長のものを呼び寄せることで、いまの現象が起こっています。

そして、「丁寧道」は負のノイズをストップして、静かな感動や感謝につながりやすいため、自然とあなた自身から発せられるエネルギーが、いい波動になっていきます。

すると、楽しいこと、嬉しいこと、望んだことがどんどん現実に起こるようになっていくのです。

これが、僕の毎日に疲弊感が一切なく、それでいて素敵なことばかりが起こり続ける好循環の秘訣です。

Chapter

2

「丁寧道」がうまくいくためのポイント

「丁寧」な心って?

「丁寧」の「寧」の字、僕の中では「安寧」の「寧」だなと思っています。つまり「丁寧」とは所作もそうですが、心の穏やかさを指してもいるんです。そんな「丁寧道」があなたになじむまでの心の持って行き方のお話。

「丁寧道」を始めるときのコツ

Chapter 1では、「丁寧道ってこんなことがいいよ〜」「丁寧道の仕組みはこんなふうになってるよ〜」ということをお伝えしました。

実際にやってみてほしいのですが、実践してくださったみなさん、トライした実感はどうでしょうか？

想像ですが、きっと最初から「完璧です！」という人ばかりではなくて、「やってみたんですが、このあたりがどうも……」「自分はあまり続かなくて……」という人もいるのではないでしょうか？

そこで、このChapterでは**「丁寧道」が三日坊主で終わらないためのコツと心構え**

について、お伝えしていければと思います。

慣れるまでは「ゆっくり」と

見出しを見て、「え、『丁寧道』はゆっくりじゃないって言ったじゃないですか！」と思ったみなさん、がっかりさせてしまったかもしれません。

もちろん、**「丁寧」≠「ゆっくり」という考え方は変わりません。**

ただ、イチロー選手やF1レーサーも、練習をするうちに慣れていった結果、「丁寧」とスピードを共存させられるようになったはずで、きっと最初からその両立はできていなかったと思うのです。

たとえば野球選手の場合なら、練習ではティーバッティングといって固定した場所に置いた動かないボールを打ちながらバッティングフォームをつくったり、トスバッティングといってコーチがトスしたゆるいボールをバットの狙った場所に当てる練習をしたりします。

そういうステップを踏むうちに、実際の試合でピッチャーが投げる剛速球に対してでも、丁寧に狙ったところへ打ちわけることができる技術がついてくるわけです。

ということは、やはり**慣れるまでの最初のうちは「ゆっくり」やってみて、体になじませていく**ことが、「丁寧道」においてもうまくいきやすいアプローチなのです。

視覚以外の味わう、聴く、触る、匂《にお》うものであれば、「ゆっくり」に加えて、**目を閉じてみる**のも感じやすさが増していいかもしれません。

とはいえ、すべての動作をゆっくりやってみるのは大変すぎるでしょう。

だから、お風呂で体を洗うとき、歯を磨くとき、着替えるとき、靴を履くとき……「あ、これを丁寧にやってみよう」と思えたことについて、どんなピンポイントなことでも構わないので**「普段の2倍の時間」をかけてやってみてください。**

3分でやっていたことに6分かけてみる、ぐらいの気楽さで大丈夫です。

「Chapter 0の最後に『五感でテイスティング』と書いてあったけれど、いまいち感じられないんだよな……」という人は、この「ゆっくり」を意識することで、きっと五感が開いていくような感じがすると思います。

ボディソープを泡立てたタオルの手触りや石鹸《せっけん》の匂い、歯ブラシの感触や歯磨き粉の味、洋服の布地の肌触り、鏡に映った自分の姿、靴のフィット感や皮革の香り——。不思議ですね。こういった物の感触や味、見た目などは、いままでにもずっと身近にあったはずです。それなのに、これまではあまり感じていなかった。それだけ「**五感が自分の外的世界に向かって開かれていなかった**」ということです。

つまり、「丁寧道」というのは、知らないうちに閉じこもっていた自分の殻から脱出し、感覚を通じて改めて外的世界とコミュニケートするということなのです。

そこで生じる「世界との一体感」が快感（幸福感）につながり、感謝に結びつくといってもいいでしょう。

脇目も振らずに生きていると感覚はどんどん鈍っていってしまいます。でも鈍った感覚を少しずつ取り戻し、磨きをかけることは、誰にでもいつからでも可能なのです。

短期回収を目指さない

「丁寧」をゆっくりやってみることがコツです、といわれると、中には「そんなに待てません。成果が出て、嫌なことが起きなくなって、興味のある分野からオファーがきて、モテて、お金も入ってくるのは、いつになるんですか？」と不満に思った方もいるかもしれません。

でも、これに対する僕の答えは、「『丁寧道』というのは、短期で成果を回収するためのものではないんです」ということに尽きます。

多くの人は、短期間のうちに大きな成功が手に入ることを望みます。

ところが、そのためには、**「短期間」×「成功」と等価交換できるだけの「大きな労力」を求められる**ことになります。

すると、多くの人は「そこまでは頑張れないなぁ……」となってしまう。最初の数日だけ猛烈に頑張っても、少しするとやめてしまうので、結局状況は変わりません。

実際、僕自身も、雑でサボり屋なので、いままで「努力しよう」という精神で続いたことが一度もありません。ダイエットも英語も全部そう（笑）。

だからこそ、僕みたいなサボり屋タイプの人にとってみれば、短期間で一気に労力をかけて大きな利益を得ようとするのではなく、**長く負担なくやっていくことを意識したほうがうまくいくのです。**

「すぐに刈り取らない」精神

では、そもそも人はなぜ、いまやっていることでの成功がすぐにほしくなってしまうのでしょうか。

僕が思うに、それは「これを続けていて大丈夫なのかなぁ」と不安になってしまうから。「まだ結果が出ない……」となると、「違うやり方があるんじゃないかな……」となってしまうんですよね。

ただ、そこで焦っているエネルギーを波に乗せて発すると、せっかく「丁寧道」を取り入れてみても焦りが勝って、結局は焦らされるような現実を呼び込んでしまう。

だから、「一気に成功」という近道を求めるのではなく、**あらかじめ腰を据えて「長〜くやる」という精神を持って臨む**ほうが、「時間をかけてやるものだから」と思えるので迷いや不安にも対処でき、**結果的に無理なくハッピーに上向いていく**わけです。

余談ですが、世界一の投資家であるウォーレン・バフェットも株を短期で売買するのではなく、長期保有するスタイルで有名ですよね。利益を上げることが大目標と思われがちな株においても、こういった考え方でうまくいっているというのはヒントになる面白い例ではないでしょうか。

ちなみに、お金に困らない大投資家・バフェットの「長期保有」の逆にある「短期回収」というと、みなさんはどんな人のことを思い浮かべるでしょうか？　僕のイメージでは、「借金に苦しむ泥棒《どろぼう》」の姿が浮かんできます。

では、「泥棒って何をやりますか？」というと、目の前のものを奪いますよね。

自分でプラスを生み出すのではなく、いまがマイナスだからさらに時間を早巻きにして奪おうとする。呼吸にたとえるなら「大変だ、早く、早く！」と焦って吸おう吸おうとするので、かえって吸えなくなってより一層苦しくなるわけです。

それに対して、バフェットのように長い期間を意識して投資をしている人というのは、ゆっくり種まきをしている。呼吸でいえば、「呼」＝息を出している状態です。

だから、出した後で自然といい空気がゆっくりと体内に入ってきます。投資にしても、実るのを待って、待って、待って、その結果とんでもなく大きくなったものがブワーッと返ってくるのです。

もちろん、お金がほしいのは、バフェットだって泥棒だって一緒でしょう。

でも、不思議と泥棒側には豊かな未来が見えないですよね。それは、目先の果実を食べ尽くしてばかりいるから。

ただ、冷静に見たら、**焦って昇給しようとか、いますぐ評価を得たいとか、早く回収したいっていうのもこの泥棒側と同じで、エネルギーを先に奪っています。**

つまり、大事なことは実りをすぐ刈り取ることではなく、農業のように**まずはいい土壌からつくること**なのです。

いい土からはいい木が生えるので、土壌づくりに時間がかかっても、最終的にはたくさんのいい果実がなります。

反対に土地を荒廃させればそれ以降おいしい果実はできなくなりますし、すぐにたくさん収穫しようとケミカルな肥料などを使って忙《せわ》しなく育てた植物やその土は、必ずどこかでガタがきます。目先はよくても、持続しません。

これは、全部に共通します。

年収、評価、モテる……ということというのは、結局「人気」と関係します。

「人気」って「人の気」って書くわけですけど、結局、人の気が集まるところに、お金も評価も集まるのでしょう。

ところが、いくら気を集めることができたとしても、乱れている気でいっぱいに満たされたらどうでしょうか。

やたらと闇《やみ》がきても困るし、常に緊張感のある中で人気があっても苦しくて続かないのではないでしょうか？

丁寧な人には、丁寧な「人気」が集まります。

少々時間はかかりますが、やはりいい土台づくりと、その土台をつくるための丁寧という「型」が大切なのです。

ギブ&テイクの考えを捨てる

前項で話した「いい土壌づくりが大切」という話を聞くと、つい「じゃあ、たくさんの果実を収穫するために、いい土壌づくりを頑張ろう」という考え方をしがちになります。

でも、気をつけてほしいのは、「丁寧道」的にはそれもちょっと違う……、ということです。

もちろん、刈り取ってテイクしてばかりではいい土壌は育ちませんし、テイクだけの状態に比べるとギブをしている分だけ悪くはないかもしれません。

ただし、いくら「ギブ、ギブ、ギブ……」とやり続けていても、「いっぱいギブしたからテイクをあとでくれよ」というような、**見返りのテイクをすごい気にしている「有償のギブ」だと、そういったエネルギーの波が発信されます。**

すると、自分にも「なくなることが織り込み済みのギブ」が戻ってくるようになるわけです。

では、どうすることが理想的なギブになのか——。

それは**「子どもみたいにはしゃぐこと」**なのです。

子どもが遊んでいるときのエネルギーが最強

みなさん、自分自身が子どもだった頃のことを思い返してみてください。

友達と一緒に楽しく外で遊んでいる最中に、疲弊感や欠乏感に苛《さいな》まれていたでしょうか？

「楽しく遊んだら、いいエネルギーが出て、ギブ状態になれるんだよな！」などと、いちいち真面目に思考していたでしょうか？

おそらく、無邪気にはしゃいだり、ふざけたり、遊ぶことに夢中でそんな思考のノイズは発生していなかったでしょう（笑）。

きっと、何かをしてものすごく楽しんでいたら、ギブしているかどうかもわからないうちに、何だかすごいギブをしていて、「いつもありがとうね～」なんて言われて友達のお母さんにお菓子をもらったりする。

「え、ほんとに？　○○くんにもあげよ～」みたいな感じで、そのお菓子をまた誰かにおすそわけしたら、それがさらに大きくなっていく。

そんな感じの**「遊んでいたら豊かになっていく」スタイルが、「丁寧道」においても理想**なんです。

反対に、**「早くちょうだい、ちょうだい」となっているときは、エネルギーの流れが**

逆になっています。

ちなみに、僕自身も「双雲さんってギブの人だよね」とか「愛の人ですね」なんて言っていただくことがあるんですが、そもそもギブをしなくちゃという意識もないし、全然愛の人でもありません(笑)。

僕がしていることといえば、たとえば子どもが遊ぶみたいにビン詰めのフタを開けたり閉めたりして丁寧に感じ尽くしているだけ。

ただ、そうしていると、普段は意識していなかった「カチッ」という音が聞こえて、「あ、気づいてなかったけど、ビンがちゃんと閉まったことを音で教えてくれてたんだなぁ」と思って感動しちゃう。

すると、「気づいてなかったけど、メーカーさんはそこまで優しさで溢れた商品をつくってくれていたんだなぁ」と感謝の念が湧いてきちゃう。

そのうち、その溢れてきた気持ちを伝えたくなることが増えちゃう。

そして、話しているうちに、気づいたら誰かの役に立っていてギブの人になっている――。

こんな感じです。

これって、おいしいものを見つけたときに「マジ、食べてみ」「食べログにも載ってないけど、行ったほうがいいって」みたいな感じで情報を伝えているうちに、「ほんとおいしかった～！　教えてくれてありがとう！」って喜ばれちゃう、あの感じと一緒です。

こんなふうに**「丁寧道」をしていると、いろんなものに感動したり、感謝したりすることが増えるので、ギブ&テイクなんて考えていないのに、うっかりギブしている**ことが結果的に増えていきます。

僕としては、ギブしようと思ってしているんじゃなくて、むしろ自分が楽しいというエゴのもとに、感動したことや面白いと思ったことを無邪気にはしゃいで伝えているだけなので、そこにしんどさや仕事してる感もありません。

でも、それによって感謝されたり、お仕事がきたり、お金が入ってきたりする。

なんだかいいエネルギーの出来事がどんどん引き寄せられてくる、というわけです。

このあたりの心持ちが、「丁寧道」がうまく軌道に乗る人と、なんだかうまくいかない人の差が生まれる原因かもしれません。

もし、いまあなたが「丁寧道」をしながら疲弊していたら、「くれくれ」のテイクのエネルギーを発してしまっている証《あかし》なのかもしれません。

「ギブ&テイク」の気持ちを一度忘れて、「はしゃぐ」のモードにちょっと切り替えてみてくださいね。

「コツコツ」は、ラクへの一番の近道

「短期での回収を目指さない」「ギブ&テイクの考えを捨てる」と言われて、みなさんどう感じられたでしょうか？

「言うのは簡単だけど、実際には難しくない？」と、思われた人も少なくないかもしれません。

そこで、僕からもう一つオススメをお伝えしましょう。

それが「**コツコツ**」です。

……。

いま「『コツコツ』ってすごい努力が必要な感じがするんですけど」という読者のみなさんの心の声が聞こえた気がしました。

でも、そのイメージは違います（笑）。

「コツコツ」というのは、「長〜くやる」ということとセットなのですが、むしろ僕みたいなサボり屋タイプの人にはとてもいいやり方なのです。

というのも、本来、短期で成果を出そうとする人にこそ、ハードな努力が必要なはずですよね。

たとえば、腕立て伏せをいきなり100回しなくちゃいけないとなると、しんどいものです。でも、1日1回だけでいいよ、というのだったらどうでしょう。

毎日100回の腕立て伏せは、筋トレ好きの人でないと続かないでしょう。次の日からはもう1回もやらないかもしれません。

一方、毎日1回でいいなら、300日でも、500日でも、できそうじゃないでしょうか？

こんなふうに**同じことでも長い期間でちょっとずつ行なえば、当然一回一回のやることを最小単位にして薄くすることができます。**

そうなれば、努力なんて精神とは無縁で取り組めるので長く続きやすい。

つまり、「コツコツ」は負担をずっと背負っていくことだというイメージが間違っていて、実は「コツコツ」こそが最も苦しくなく「丁寧道」が続く一番ラクな方法なのです。

「1・01」を意識する

ただ、この「コツコツ」の話を聞いて、「毎日1回だけの腕立て伏せなんて意味ないでしょ」と思った人もいるかもしれません。

でも、数学的に言うとこれが大きい差になります。
そこで、次に意識してほしいことが**「1・01」理論**です。

多くの人は、「5割増しにしよう」「倍やろう」と一気に負荷をかけすぎて続かなくなってしまいます。

だから、いままでの自分の日常に、「歯磨き丁寧道」でも「立ち食いそば丁寧道」でも「ビール丁寧道」でもいい、何か一つだけプラスする。

そんな**日々の「コツコツ」を苦しい努力にしてしまわないための目安となる指数が「1・01」**であり、このわずかな「1・01」を毎日掛け合わせていくことが大事なのです。

では、ここでこの「1・01」を毎日続けた場合と、何もせずにゆるやかにエネルギーが減っていく「0・99」の場合でどれだけの違いが生まれるか、85ページの図表で見比べてみましょう。

図表の横軸が日数で、縦軸が掛け算の結果の数値です。

まず初めの2週間ぐらいまでは「1・01」も「0・99」もほぼ差がないのが見てとれるでしょう。

ところが、これが3カ月経ち、半年経ち、1年経つとどうでしょうか？

「1・01」を1年間続けると、「1・01」の365乗で約37・783になります。この数字は、いわばあなたに貯まったプラスのエネルギー値と捉えてもらっていいかもしれません。

これに対して、**「0・99」の365乗は、約0・025**になります。

つまり、「コツコツ」続けた人には、最初は変化がなくてもある瞬間に大きなブレイクポイントが訪れ、その結果**「コツコツ」を疎《おろそ》かにした人との間には、1年先、2年先にとんでもない差が生まれている**のです。

ですから、今日明日で結果を求める必要なんてありません。一度に量を求める必要

毎日一つ何かをして「1.01」を続けた人と、何もせずに「0.99」で過ごした人に生じる差

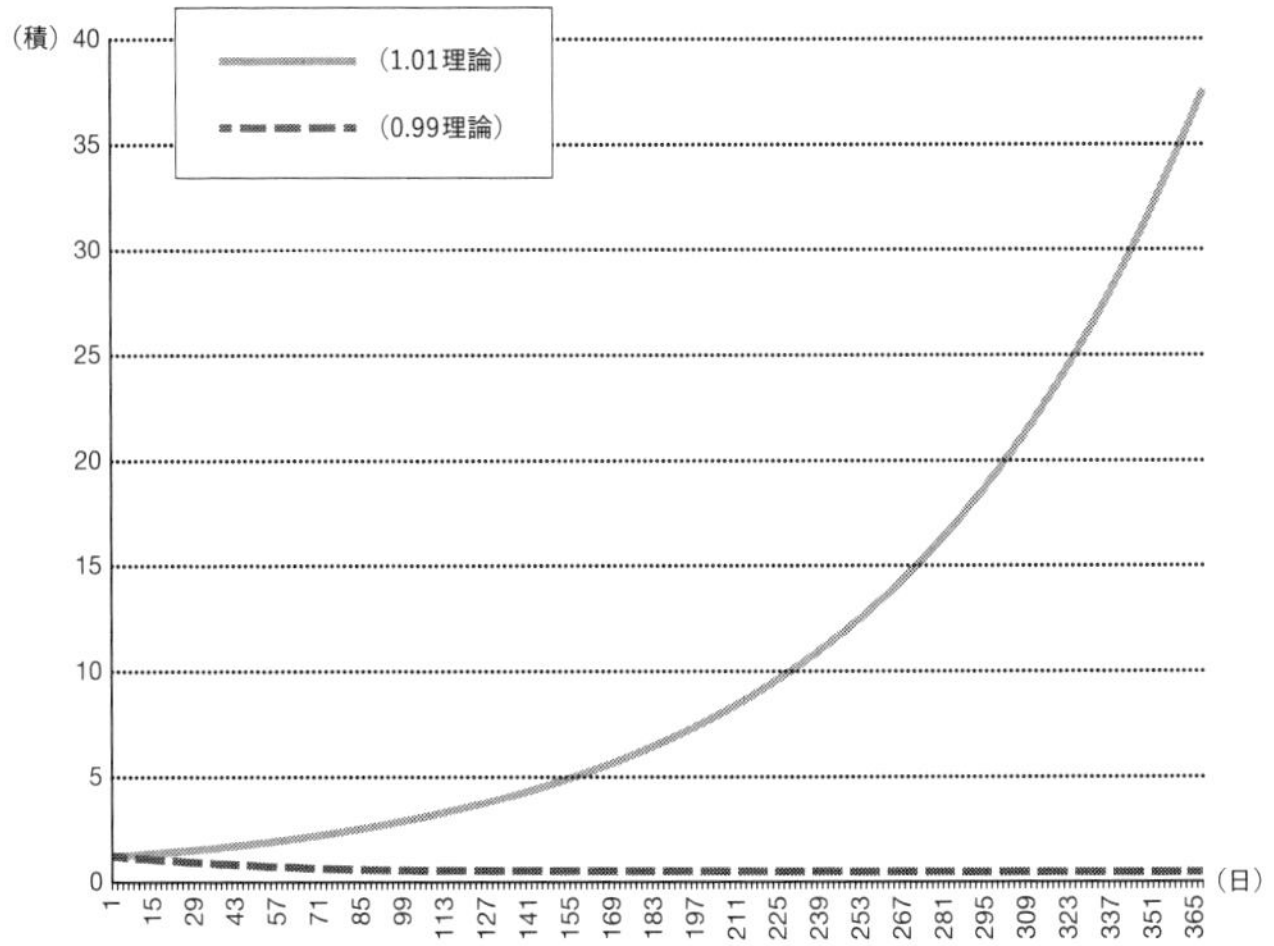

はなくて、少しの量をコツコツ続けることこそが大切です。

そうなれば、自転車を練習する子どものように、すぐには乗れなくても、急にスイスイ乗れるようになる**ブレイクポイントが突然きます**。

楽しく「丁寧道」をしていれば、エネルギーが整って、それこそ忘れた頃にいいエネルギーが返ってきます。

もちろん、「丁寧道」を開始してすぐの頃は、まだまだ日常の中で嫌な出来事が起きてくるかもしれません。

ただ、その目先の現象には囚われずに、「丁寧道」で負のノイズが入る隙《すき》のない、目の前のことに没頭している時間を少しずつ増やしていくと、いつしか物事がうまくいくようになるのです。

毎日の中で丁寧を感じやすくする二つのコツ

「コツコツ」「1・01」の意識で、と言われても、いままでやったことのないことを習慣づけるのは最初が少し大変だと思います。

ですから、「丁寧道」をやりやすくするためのテクニックをご紹介しましょう。

一つ目は、「演じてしまうこと」です。

たとえば着替えるときだけは、自分の部屋ではなくお芝居の舞台上に立っているつもりで「丁寧に着替える人」を演じてみる、みたいなことです。

僕は以前、吉永小百合《よしながさゆり》さんが主演された映画の題字を書いたことがあったんですけど、吉永さんが着物に着替えてキュッと髪を結ぶシーンとか本当に美しいんですよ。

俳優さんが、指の先まで感覚を研ぎ澄ませて着替える感覚。

それを見たあとは、僕自身いままであんなに着替えることがめんどくさかったのに、「丁寧に着替えるって、こんな幸せなことだったんだ」って気づきました。

僕は基本、窓開けっ放しとか、ドア開けっ放しとか、忘れ物が多いとか、そういうずぼらな性格なんですけど、その経験のあとは一個一個気づいたことを「もしかしたら、あれも丁寧にできるんじゃない?」ってやってみたくなっていったんです。

こうしていつしか日々の中に丁寧の割合が増えていきました。

みなさんも、いま話題の「丁寧の達人」として、ドキュメンタリー番組でカメラに撮られているぐらいの気持ちで、悦《えつ》に入《い》ってやってみてください。

自分を俳優だと思って、毎日、一場面だけでも「丁寧な人」を演じてみる。

それこそ「馬鹿馬鹿しい」「恥ずかしい」なんて真面目な思考は脇に置いておきまし

ょう。

子どもが無邪気にはしゃぐように、やってみてください。

「丁寧の快感」を記録に残す

「丁寧道」がうまく続けられるようになるためには、丁寧にしたときの快感を、あとからビビッドに思い出せるような工夫をするのもいいと思います。

そこで、**二つ目のテクニックは「写真を撮る」**ことです。

たとえば朝、会社に行くときに家から最寄り駅までを丁寧を意識して歩いてみたとしましょう。その道のりを味わっているので、以前はまったく目に入ってこなかったいろいろなものが目に留まるはずです。

それは街路樹の新緑や紅葉、アスファルトの隙間から顔を出している草花、自治体の掲示板に張り出されたイベントのお知らせなどなど、何でもいい。

構図なんかも考えなくていいから、どんどんスマホカメラに収めていくのです。

スマホカメラのいいところは、いつでも手軽に見返すことができる点です。

仕事の合間などに何となく写真を見返してみるだけで、「家から最寄り駅までを丁寧に歩いてみたときに抱いた快感」がありありと蘇《よみがえ》ってくるでしょう。

すると、その快感をまた味わいたくなってきます。

こうすることで、純粋な欲求から次の丁寧を始めたくなるので、他にもいろんなことを丁寧にやってみたくなる循環が続きやすくなるはずです。

「続かない自分」も責めなくていい

Chapter 2では、「丁寧道」を三日坊主にしないためのコツをお伝えしてきました。

ただ、やっぱり「忙しくしているうちに続かなくなっちゃって……」という人もいるかと思います。

でも安心してください。**「忙しくしているうちに続かなくなっちゃって……」と言えているあなたというのは、すでに以前のあなたとは違います。**

それまでというのは、日々の中で自分に降りかかってくる「忙しさ」と「あなたの心」が不可分の状態になっていて、その忙しさを疑うよしもない、機会もない……あたかも、なぜ忙しいのか、どうして心が荒れているのかもわからないままに、毎日を濁流《だくりゅう》の中で生きている状態でした。

ところが、いまのあなたは、「『忙しい』という状況がきたから、続けられる心の余裕を保てなくなってしまった」ということは感じられていますよね。

この**「客観視」の有無が、すごく大きい**のです。

僕は**「ただ、見る」**ということを結構オススメしているんですが、その「ただ、見る」というのも「感じる」「味わう」に等しいんです。

たとえば、忙しくせかせかしてしまう自分に対して、「なんで私は！」とジャッジをして怒ってしまうと、そこからは怒りや不安のエネルギーが発信されてしまいます。

でも、そこで「あっ、私はいつもこういう状況だと、せかせかイライラするんだな」と、**客観的に「ただ、見る」ことができるようになると、自分自身へのパターンが認識できる**ようになります。

そして、パターン認識さえできてしまえば、また同じ状況になっても、「またこのパターンがきたな」と心が荒れることなく、対処できるようになります。

それどころか、「私はいつもここで焦るんだ、へー」という気づきに変わるので、実はそれはもう「自分」というものを丁寧に味わえている状態なのです。

ジャッジではなく「ただ、見る」ことで、続けられていない状態であっても後退ではなくなります。ですから、不安や心配ではなく、さながら研究者のように「できていない自分、というデータをとれたな」ぐらいのフラットさを持って、そこに気づけた自分を肯定してみてください。

システム変更がなじむには、タイムラグがある

僕は「丁寧道」を、自分の機嫌を自動的にいい状態に導ける装置、みたいなものだと思っています。

とはいえ、**その装置のボタンを押す行為が続かない、というのが「丁寧道」がうまく**

機能するかどうかの第一関門でしょう。

ですが、そもそも人間というのは、システムで動いている生き物です。

これまで「『丁寧』には無縁」というプログラミングで生きてきた人が、突然「『丁寧道』をやる」とリプログラミングをしたところで、すぐに新しいシステムには移行が追いつきません。それはいたって普通のことです。

何か新しいことを習慣づけたいと思うとき、それとは反対に元の状態に戻ろうとする力が働きます。どれだけ英語を習得したいと思っても、ちょっと理解してはまた後退して……をくり返しますよね。でも、3年ぐらい英語圏にいると、思ったことが自然と英語でスーッと出てくるようになる。

「丁寧道」もそれと一緒で、習慣づくまでの反復に最初は時間がかかるものなのです。

ただ、その長い目で見ての反復の中で、「丁寧道」がしんどい努力になってしまうのか否《いな》かを分ける第二の関門があります。それが**みなさんの中にある「義務感」**です。

しんどくなりやすい努力というのは、わかりやすい例でいえば、筋トレとか、ダイエット、受験勉強のように、ご褒美《ほうび》・報酬というニンジンをぶら下げることで目標設定をして達成感を得ていくスタイルです。でも、このやり方だと頑張り屋さんタイプの人しか続きません。多くの人は続かずに挫折《ざせつ》してきた記憶があるでしょう。

じゃあどうするのがいいのかというと、このChapterで紹介していた**「丁寧道」を子どものように無邪気に遊んじゃうスタイル**なのです。

特に男性は覚えがあるかもしれませんが、子どもの頃、小学校まで石ころを蹴りながら登校したことがなかったでしょうか？　あれって誰からもお願いされたことじゃないのに、石がドブに落ちたりしないようにコツコツ丁寧に蹴っていたんですよね。でも、あれを真面目に「毎日通学路で石を蹴らなくちゃ」と、タスク化して意識すると、かなりしんどいですよね。

その**しんどさを感じるか、感じないかを隔《へだ》てるものが、「義務感」の有無**なんです。

では、僕たちの継続性を妨《さまた》げる「義務感」というのは、そもそもなぜ芽生えるものなんでしょうか？　次のChapterではこの「義務感」を解き明かしたいと思います。

おさらい：「丁寧道」を軌道に乗せるコツ

❶感じにくいときは、慣れるまではゆっくり

僕を含め、大多数の人はこれまで日々の忙しさの中で丁寧さを捨てて過ごしてきました。だから、突然丁寧にしようと思っても、感覚がつかみにくいのは普通のことです。「丁寧」＝ゆっくり、では決してありませんが、「丁寧」を感じるためにはゆっくり、じっくり、ときには目を閉じて味わうことに集中してみてください。

❷量は求めず長くやる、続かないときも自分を責めない

世間では短期間で大きな成果を挙げることが褒められますが、負荷が大きくなれば、その分だけすぐに挫折しやすくなります。ダイエットのリバウンドと一緒です。

だからこそ大事になのは、やることの量は最大限減らしていいので、コツコツやること。「丁寧道」はやること自体が一番の肝なので、すぐに目に見えるいいことが起きなくても、「1・01」理論を忘れずに気づいたらやる、を反復してみてください。

また、続かないときも自分を責める必要はありません。「続かない自分」を客観視できていることがすでに前進です。自己否定に陥らず、できるときに再開しましょう。

❸目先の成果を一度忘れる

日常でいいことがたくさん起こるといいな……という気持ちはとてもよくわかります。でも、あえてその見返り的な考えを脇に置いて一度忘れてみてください。

思い出してほしいのは、子どもの頃のような夢中さ、無邪気さ。

対象は何でも構わないので、まずは自分が好きなことや負担ではないことの中で、その瞬間を丁寧に感じ尽くしてみてください。

「丁寧道」にはまってくると、僕みたいに他のいろいろなことも丁寧に味わってみたくなったりします。そうしたら、自然と丁寧に過ごす時間が増えて、みなさん自身がいい波動を発している回数も増えている、周りから見ても魅力的なエネルギーを放つ人になっているはずです。

Chapter 3

「義務感」に気づいて、手放そう

無意識の「義務感」ブレーキ

僕が意識するのは「義務感をいかに減らすか」です。モチベーションが下がるのって、やらされているとき。逆に、自主的な行動って、労力とも感じず続けているものですよね。そんな無理なく物事を継続する秘訣のお話。

「機嫌のいい自分」でいることを阻むトラップ

僕自身、実際にやってみて、「丁寧道」というのは――、

❶「機嫌のいい自分」を生み出す
↓❷「機嫌のいい自分」のエネルギーが「ラッキーな現象」を引き寄せる
↓❸そんな状態の自分がまた「丁寧道」を続けてやすくなる

――というエンドレスの好循環に入っていける最初の入口だと感じてきました。

しかし、それだけメリットずくめなのですが、いざ「丁寧道」をやってみていただく

と挫折してしまう人が少なくありません。

もちろん、その原因には Chapter 2 でお伝えした「継続性」がポイントにあることは間違いありませんが、「丁寧道」だけでなく新しい習慣が長く続きにくい理由には、もっと根源的な要因が潜んでいます。

それが Chapter 2 の最後で少し触れた**「義務感」**です。

石蹴りの例に沿っていえば、ただただ通学路で石を蹴っているうちは、「義務感」は発生しません。石を蹴ることがめちゃくちゃ楽しい、というわけではないかもしれませんが、自分が狙ったところに石が行くように、無心で蹴っているからです。

これは、わかりやすい動的でハイな高揚感の楽しさではありませんが、静かで邪念のない喜びや集中で満たされている、すなわち負のノイズが発生していないイメージです。

ところが、ここに石蹴りを評価する先生が現われたらどうなるでしょうか？

「その蹴り方はなってない！」「もっと真面目に蹴りなさい！」「××くんよりも遠く

に蹴りなさい！」「どうしてドブに落とさないように蹴れないの？」などと言われたら、「あ〜、明日も蹴らなくちゃ」「怒られない蹴り方をしなくちゃ」「××くんに比べて自分は蹴るのが下手だなぁ……」なんて思うようになって、そのうち石蹴りなんてやめてしまうでしょう。

つまり、**真面目にやり始めると、「評価」という視点が加わり、競争や劣等感、目標や夢に振り回されるのでしんどくなる**わけです。

これは、評価する人が自分自身の場合も同じです。というよりも、むしろ自分で自分を評価して裁いている場合のほうが多いでしょう。

うまくできている・できていない、あの人のようにはできない、こんな行動に意味があるんだろうか（いや、ないに違いない）、これは目標達成には関係がない……。

こういった「〜しなさい」「〜できていない」というような評価者が現われたときに、人は「義務感」を覚えるのです。

みなさんも思い返してみてください。

ものすごく好きなアイドルがいたとします。

そのアイドルの出演する番組を観たり、アイドルの握手会に行ったりすることに評価が入っていたでしょうか？

きっと、ただただ好きだから、お金も時間もエネルギーもかけて、はるばる地方公演まで夢中で追っかけたりするわけで、偏差値を上げようとか他人からの評価を得ようと思って、そのアイドルの好きなものや誕生日を覚えようとしているわけじゃないですよね。

でもその結果、学校の勉強なんかよりもはるかにすごい記憶力を発揮したり、苦もなく膨大な知識や明晰《めいせき》な分析力を身につけていたりするわけです。

つまり、**「義務感」が発生しなければ、物事の継続はうまくいきやすい**、というわけです。

では、僕たちのいいエネルギーを妨げてしまう「義務感」は、そもそもどうして生じるようになるのでしょうか？

「丁寧道」はもとより、僕たちの生きづらさにもつながる問題なので、ここで根本から掘り下げてみましょう。

「義務感」はいつから始まるのか

日本は世界有数の経済大国です。

他国に比べても、すごく恵まれているほうだと思います。

それなのにどこか生きづらくて、多くの人が心の底からは人生を楽しめていない感じがするのは、なぜでしょうか。

細かく挙げだしたらキリがないと思いますが、その生きづらさの正体こそが、このChapterのテーマ「義務感」に集約できると僕は感じています。

こうしなくちゃいけない、こうでなくてはいけない、という**「義務感」が蓄積した結**

果が、現在の生きづらさではないでしょうか。

ここで当然の疑問として浮かんでくるのが、「僕たちは、いつから『義務感』を背負うようになったのだろうか？」ということです。

生まれたての赤ちゃんには、「義務感」なんてありません。

周りにいる同じ月に生まれた赤ちゃんを見て、「やべ！　俺も早くハイハイできるようにならなくちゃ！」「そろそろ私も、つかまり立ちくらいできなくちゃね」なんて思ってるわけがありませんよね。

まず、赤ちゃんには自意識という名のノイズがないから、そういうことを考えようがないわけです。

では、何が「義務感」を生む一番の原因かというと、おそらく**外の社会に触れること**だと思います。

つまり、保育園や幼稚園に通い出したあたりが、僕たちが「義務感」というやつを最初に背負い始めるタイミングではないでしょうか。

僕の子どもたちを見ていて、そう思いました。

3歳で幼稚園に通い始めたとたん、自分発ではない**「しなくちゃ」が一気に発生するのです。**


まず幼稚園に行かなくちゃいけない。

そして幼稚園では、この時間に着替えなくちゃいけない、この時間に食べなくちゃいけない、この時間にみんなでお散歩に行かなくちゃいけない、この時間に寝なくちゃいけない、この時間に帰らなくちゃいけない……。

こんなふうに、**自分の意思とは関係なくやることを決められていて、守らなくてはいけないことがたくさんあります。**


人間は社会的な動物ですから、もちろん社会性を身につけることは大切です。

家では好き放題だったものが、保育園や幼稚園で他者と接して初めて思いやりや譲り合いを身につけたり、自分はこうしたいんだと伝えたりと、コミュニケーション能力を身につける。とても大事なことですよね。

ただ、幼少期に初めて直面した「しなくちゃ」が、次第に必要最低限の範囲を超えて積もり積もっていく。

その結果、大人になってみたら「義務感」が強固にクセづいていてがんじがらめになっている自分がいた……というのが実情ではないでしょうか。

もしかすると、自分がやりたいと思って始めることと、「義務感」から始めることの区別もつかなくなっているのかもしれません。

要は、必要以上の「義務感」が、僕たちを生きづらくさせている。**それがイライラや焦りなどにつながり、「丁寧」の妨げになっている**のではないかと思うのです。

そこで次項からは、そんな「義務感」を少しずつ手放していくためのヒントをお話ししていきましょう。

「しなくちゃリスト」をつくってみる

社会生活をしているのだから、「義務感」を抱えて当然でしょ？　と思われた方も少なくないかもしれません。でも、もし当然のように抱えていたけれど、実は手放せる「義務感」もあるとしたら、どうでしょうか。

そこで僕からの最初のオススメは、**自分を縛っている「義務感」を棚卸《たなおろ》ししてみる**、というものです。

自分の中にたくさんある「義務感」のうち、一つでも二つでも手放して、その結果一つでも二つでも不満が解消されるだけで、だいぶ気分は違うはずです。

では、実際にやってみましょう。

いま、あなたを縛っている「義務感」とは何でしょう？

一日の中で「しなくちゃ」と思っていること、また、もう少し長いスパンで「こうならないといけない」と思っていることを、すべて書き出してみてください。

たとえば、今日一日の中のことなら――

起きなくちゃいけない／着替えなくちゃいけない／歯を磨かなくちゃいけない／ごはんをつくらなくちゃいけない／ごはんを食べなくちゃいけない／食器を片づけて洗わなくちゃいけない／洗濯しなくちゃいけない／掃除しなくちゃいけない／子どもを学校に行かせなくちゃいけない／会社に行かなくちゃいけない／満員電車に乗らなくちゃいけない／仕事で売り上げを出さなくちゃいけない／親の介護をしなくちゃいけない／買い物に行かなくちゃいけない……etc.

また、もう少し長いスパンでのことなら――

資格を取らないといけない／ステータスの高い会社に入らないといけない／昇任試

験に受からないといけない／結婚しないといけない／子どもを産まないといけない／家のことをパートナーと話して決めないといけない……etc.

こんなふうに書き出したら、そのリストを眺めてみます。

まず、このように**自分の中にある「義務感」を可視化するだけでも大きな一歩**です。

ただし、**「義務感」でいっぱいの自分を決して否定しない**でください。

「こんなに『義務感』だらけなんだな～」と気づくことに意味があります。

そうしたら、今度はその中に「実はやらなくても大丈夫なもの」があるかどうか、少し考えてみてください。あったら、いまこの瞬間に手放してしまえばいいし、なかったら、それはそれでオッケーです。

「義務感」優位を、「意欲」優位に変えていく

こうしてリスト化してみると、「義務感」というものが、どれほどブレーキになっていたのか気づいた人も多いでしょう。

本来ならば喜びのはずの家族との時間ですら、「家族サービスしなくちゃいけない」と感じていたことが可視化されて愕然《がくぜん》とした人もいるかもしれません。

また、楽しみのつもりのゲームが、半ば義務的で「実はもう飽きてるのになんとなくやっていた」ことを発見した人もいるかもしれません。

そう考えると、**「しなくちゃいけないと思い込んでいたけど、本当はしなくたっていいのかもしれない」と、手放せる「義務感」がある**ことに気づいた人もいるのではないでしょうか。

また、**「義務感」のように思い込んで苦しくなっていたけど、やっぱり「本当にしたいことなんだな」と気づく**場合もあるのではないでしょうか。

特に**後者に気づけると、「義務感」を純粋な「意欲」へと転換できる**可能性も出てきます。

ちなみに、僕は生きることが好きです。生活することが好きです。

朝は起きたいから起きるし、仕事もしたいからする。

家族とも一緒に過ごしたいから一緒に過ごす。

嫌がられがちな家事ですら、お皿洗いしたいからする、掃除したいからする。

子どもの世話もしたいからする。夜は寝たいから寝ています。

心からそんな感じで、ほとんど「義務感」がない人間です。


でも、「それは、武田双雲だから可能なんでしょ?」と思いましたか?

いいえ、僕はそうは思いません。なぜなら、**どんな人も実は「自分が見たい景色」を見て、現在を生きているからです。**

たとえば、砂場遊びを楽しんでいる子どもたちと、汚れるから砂場遊びは嫌だと思いながら子どもに付き合っている大人たち、**やっている行為は同じでも意味づけを変えているのは、自分自身**です。

ですから、本当は誰もが切り替えスイッチ一つで、「義務感」優位ではなく、「いま、このとき」を純粋な「意欲」優位で生きることができます。

そのためにも、**負のノイズで満たされた思考優位の状態ではなく、「丁寧道」によって、もっと「いま、このとき」が素晴らしいものだと気づけるリハビリがオススメ**なのです。

あくまで一例ですが、もしかすると「砂場は汚れるから嫌いだけど、子どもが遊びたがるからしょうがない」と思っていたものが、砂場を丁寧に味わってみたら、「久しぶりに裸足で砂の粒《つぶ》を感じてみたら気持ちいいなぁ」「砂にシャベルを差す音って楽しいなぁ」と自分の中の景色が変わるきっかけになるかもしれません。

人との比較ではなく、人から課せられるのでもなく、自分自身が純粋にやりたいからする。そういうものを増やしていくためのファーストステップに、まずは自分を縛っている「義務感」を可視化することから始めてみてください。

「やらされる」のか、「やらせてもらっちゃう」のか

僕も元来はめんどくさがり屋です。

もしかしたら、みなさん以上にめんどくさいことへの耐性が低いかもしれません。

だからこそ、めんどうなことに敏感で、なるべくめんどくさくならないようにしてきた、ともいえますね。

誰もが物心ついたころから出会い始める、さまざまな「義務感」。

朝、「起きなくちゃ」から始まって、「保育園・幼稚園・学校に行かなくちゃ」「宿題しなくちゃ」「お風呂に入らなくちゃ」「寝なくちゃ」……。

こういう「しなくちゃ」は、大きくなるにつれてどんどん増えていきます。それこそ

「働かなくちゃ」「成果を出さなくちゃ」という具合に。しかも大部分の人が真面目なので、どんどん増える「しなくちゃ」に反発せず、忠実にこなしています。

しかし**もとをただせば、起きるのも、勉強するのも、働くのも、自然と「やりたい」という欲が湧き上がってくるもの**であるはずです。

人間は、ずっと寝てはいられません。十分に休んだら活動したくなるのが人間ですし、「知らないことを学びたい」という知的好奇心もある。自分の能力を生かしてお金を得たいというのも、社会的動物である人間の自然な欲求です。

にもかかわらず、すべてが「義務感」と化してめんどうに感じる。不思議ですよね。

でも、みなさんはそのまま「義務感」だらけの毎日で満足でしょうか。

もし、**もっと自由に幸福に「いま」という時間を積み重ねていきたいのなら、ここでいったん意識をリセットしましょう。**

そもそも、どうしてめんどくさいと感じるのでしょう？

先程もお話ししたように、人間は、本来的には活動的だし、知的好奇心も労働意欲もあるはずです。だから産業も科学もここまで発展してきたわけですよね。

それなのに現代では、「起きなきゃ」「勉強しなきゃ」「働かなきゃ」な人が増えているのは、いつから**かこれらが「人から押しつけられたもの」になっているから**です。

つまり「しなくちゃ」という「義務感」からすることは多分に受動的です。そして受動的なものはめんどくさいと相場が決まっているのです。

「したい」ではなく、周りの人や世間から「しなさい」という圧力をかけられて行動するわけですから、当然ですね。

「義務感」は効率が悪い

考えてみれば、生きることそのものも、みなさん自身が「生きたい！」と思ったことではなかったかもしれません。もし神様というものがいるとしたら、その存在から「生まれなさい、生きなさい」と命令されて、この世に生を享《う》けたのかもしれません。

でも、どうせ生きるのであれば、意味づけを変えてみませんか？

「ちっ、生きなきゃいけないのか。しょうがないから生きるか」と受動的にネガティブに受け取るのか、「えっ、生きていいんですか。じゃあ遠慮なく生きちゃいます（笑）」とラクに能動的に受け取るのかで、生き方も幸福度も大きく違ってくるはずです。

仕事や日々の雑事も同じです。

「やらなくちゃ」という受動的意識の「義務感」から渋々、嫌々取り組むのは、実際、めちゃくちゃ効率が悪い。**「やらされてる」感が意欲を削《そ》ぎ、物事を進めるスピードを低下させる**からです。

まずエネルギーの流れが悪くなって仕事が滞《とどこお》るし、「こんなにやったんだから認めてくれ」と評価を求めたり、「自分がこれをしなくちゃいけないのは、あいつのせいだ」と人を責めたくなったりと、不幸感の沼にもはまりかねません。

それでやることの量が減るのなら、いくらでもそうすればいいと思います。

でも、**自分の捉え方と目の前のやることの総量とはまったく無関係なのだから、渋々、**

嫌々で効率が悪くなるのは、自分が一方的に損をするようなものでしょう。

「気持ちの問題かよ〜」と思った方も、ここは一つ、武田双雲にだまされたと思ってみてください。

「受動」から「能動」へと意識を変えてみることだけで、義務からくる「しなくちゃ」が、欲求からくる「したい」に変わります。

「したい」ではなく、「させていただきます」「え、いいんですか？　させてもらっちゃって！　あざす！」というくらい積極的に向き合えるようになります。

そして意欲的なほうが頭の回転も自然と速くなるので、受動的に取り組むよりも結局サクサク、スイスイ終わります。やるべきことの総量は変わらなくても、捉え方によって処理速度は変わるというわけです。

どのみちやることなら、「やらせてもらっちゃいます（笑）」ぐらいの意識で取り組んだほうがストレスなく「よっしゃ、やったぜ！」という幸福も感じることができる。

僕だったら、断然こっちを選ぶという話なのですが、みなさんはどうでしょうか。

「〜のため」を疑ってみる

人の行動には、「〜のために」という意識と結びついているものも多いと思います。

たとえば、「受験のために勉強する」「営業成績を上げるためにトークを磨く」「健康のために毎朝、ウォーキングする」「ダイエットのためにカロリー制限する」などなど。

つまり、「ある目的のため」に行動しているという場合が多いのではないでしょうか。

先程の「しなくちゃ」「やらされる」という意識よりは若干ポジティブにも見えますが、これも意外と「義務感」の一種になっています。

そこで提案なのですが、**いったん、こうした「〜のために」についても疑ってみる**というのはどうでしょう?

ある明確な目的のために行動する。とても前向きで建設的だと思います。

そうは思うのですが、その反面、「～のために」というのは、目的達成ばかりに焦点が当たっている気がしてなりません。

「いま、このとき」の自分が、大事にされていないのです。

人生は瞬間、瞬間の積み重ねですから、いまの行動が未来をつくっていきます。

現状のやり方で「いま、このとき」を楽しめているのであれば、言うことはありません。でも未来の目的のために、いまが「義務感」で縛られて犠牲になり続けているとしたら、現在の自分がちょっとかわいそうではないでしょうか。

しかも、目的を達成した瞬間というのは、実は「点」でしかありません。

「やったー！」という達成感は一瞬のもので、その直後にはまた別のさらなる目的を達成する未来のために、「義務感」で頑張り出す日々が始まります。

だとしたら、人生という長い長い線は、時折一瞬の達成感という報いがあるだけで、ほとんどは「義務感」で埋め尽くされることになってしまいます。

これでは、長い人生のどこかで心がポッキリと折れてしまう、という人が増えてしまうのも無理がないと思うのです。

やる気は「出す」ものではない

では、ここでいま一度「丁寧道」に立ち返ってみたいと思います。

「丁寧道」によって何をするのかといえば、行為としては「五感をフル稼働して目の前の物事を味わう」ということでした。

言い換えれば「いま、このとき」を味わって生きるということ。

つまり、**未来にばかり向きがちな自分の目を、少しでも「いま、このとき」に向けるということが、「丁寧道」の真髄《しんずい》でもある**のです。

とはいえ、「〜のために」を疑ったら何にも頑張れなくなりそうだと思ったかもしれません。目的意識があるからこそ、毎日やる気を出して頑張ってこれたのに、と。

ただ、誤解を恐れずにいえば、そもそもやる気なんて出さなくてもいいんです。

なぜなら、**やる気を「出す」と思っているうちは、本当はやりたくないことを、渋々、嫌々、やっているという面が強い**から。

ニュートンやアインシュタインがこの世界にある万物の法則性を調べようとしていたとき、「よし、やる気出さなくちゃ」なんて絶対思っていないですよね。真理を知りたくてしょうがないから、止めようもなく無心でやっていたはずです。

もちろん、偉人たちのように「義務感」をすべて消すのは難しいかもしれません。

でも、もし自分の中に「義務感」がいっぱいあって、それによって何かを継続するための力が湧いてこないのかもしれない……とここまでの Chapter 3 を読んでいて気づいたら、「いま、このとき」に目を向けてみてください。

「〜のために」という「義務感」を脇に置いてみることで、純粋にやりたいと思える気持ちが自然と芽生える瞬間があるはずです。

「〜のために」という義務ベースではなく、「いま、こうしたい」という喜びベースで毎日を積み重ねて未来をつくっていく。そういう方向へとシフトしてみませんか。

「義務感」に気づいたら、いったんやめる

「義務感」を可視化すること、そして「しなくちゃ」「やらされる」「～のために」という意識を変えると決めることをお伝えしてきました。

さらにもう一つ、今度はメンタル面というよりテクニック面ですが、面白い「義務感」手放し法を紹介しましょう。

それは、**あなた自身が何かをしている際に「あ、いま『義務感』でやってる」と感じたら、いったんやめる、という方法**です。

これは特に、最初はやりたくて始めたことが、途中で嫌になってきてしまったときなどに効果てきめんです。

たとえば好きで読み始めた本が、途中から楽しくなくなってきてしまった。だけど「せっかく読み始めたのだから、最後まで読まなくてはいけない」と読み続ける。

これはもう楽しみではなく「義務感」です。

たしかに、仕事で読まなくてはいけない本などは、ある程度仕方ない部分はあるかもしれません。でも趣味の読書が義務と化してしまったら、余暇《よか》を「義務感」で満たすことになってしまいます。

だから「あれ？　義務になっている」と思ったら、そこでいったんやめる。そしてまた、読みたくなったときに読めばいいのではないでしょうか。

やりたいときにやる。そのほうがうまくいく

この点で達人レベルだと思ったのは、かつて僕が開いていた書道教室にきていた生徒さんのパートナーの方です。

そのパートナーの方はアメリカ出身なのですが、**お皿洗いでもお掃除でも、途中で嫌になったらやめてしまう**のだそうです。

かといってすべてが中途半端のまま放置されるわけではなく、最終的にはいい感じで完遂されるといいます。

この話には僕も深くうなずきました。

始めたことを途中でやめるのは、一般的にはよからぬことと思われがちです。

でも、ちょっと考えてみてください。

渋々、嫌々最後まで終わらせるのと、嫌になったところでいったんやめて、また気分が上がったときに再開するのとでは、最終的に、どちらのほうがいい結果になるでしょうか。

僕は断然、後者だと思います。

なぜなら、渋々、嫌々では雑になってしまうに違いないからです。

それよりも、**「あ、また始めたいなぁ」と意欲が湧いたときに、丁寧に味わいながら取り組んだほうが、ストレスなくいいエネルギーでできる**でしょう。

そう考えると、初志貫徹という言葉もまた、自分を「義務感」でがんじがらめにする呪文に思えてきます。

人間、「最後までやり抜かなくてはいけないこと」なんて、たぶん、ほとんどありません。

自分がやりたいとき、ワクワクできるタイミングで、やりたいようにやる。

たいていは、それでいい、それがいいはずなのです。

みなさんも自分自身に「義務感」を手放す許可を出してみてください。

人が「義務感」を手放しにくいワケ

このChapterの大テーマとして取り上げてきた「義務感」。

「手放す許可を自分に出してみてくださいね」と前項の最後で言いましたが、意外とここに「義務感」パートの最後にして最大のハードルが隠れています。

というのも、厄介なことに、「義務感」というものは自分を生きづらくするものであると同時に、**実はあったほうが安心できるもの**だったりもするからです。

みなさんも「完全に自由だから何でも好きなことをしていいよ」と言われると、意外と何をしていいのかわからなくなってしまう、という経験はないでしょうか？

たとえば、お金の心配がなくて明日から仕事をしなくていいと言われたら、どうでしょう？　たぶん、多くの人は最初のうちは旅行をしたり、買い物を楽しんだり、ゲームをしたりしますが、程なくすべてに飽きてすることがなくなると、暇《ひま》と退屈の海に放り出されることになるでしょう。実は、暇をつぶすことのほうが大変なわけです。だから、何かしら思考や行動の基準があったほうがラクであり、たとえそこに疲弊感が伴うとわかっていても、義務を背負うことをやめられないのかもしれません。

つまり、**人は意外と自ら好んで「義務感」を背負って生きている**ともいえるのです。

また、「しなくちゃ」「～のため」というように、**人は「義務感」というものを、自らを奮い立たせるエンジンとしても活用**しています。

たとえば、人より上を目指す、一番を目指すというのも、比較から生まれる一種の「義務感」です。

自分が本当にそうなりたいのかは実は後づけの話で、比較する対象があるから、それと比べて優位になりたいと願う。しかも、少なからずそう思うようになる発端は、**「親のため」という面もある**と思います。

あるとき、たまたま一番になったら親が喜んだから、もっと喜ばせたい、喜ばせなくてはいけないと思い込んできたのかもしれません。これは、最も子どもが「義務感」を背負いやすいきっかけといってもいいでしょう。

そして、たとえ大人になって立派に独り立ちしていても、その心の奥底には、いつまでも「親に認められたい子どもの頃の自分」「親を喜ばせなくちゃという『義務感』を背負っている子どもの頃の自分」が生きている。

真面目な国民性の日本では、幼い頃に親に否定されたり、鼓舞《こぶ》されたりしたことを自分でも自覚のないうちにずっと引きずってしまい、「もっと頑張らなくちゃ」と苦しい努力を続けてきた人が少なくないように感じられるのです。

大丈夫。いまよりラクな世界に変わるだけ

このように、「しなくちゃ」「〜のために」とともに生きてきた人にとって、「義務

感」**は苦しいものであると同時に、執着してしまって手放しがたいもの**でもあります。

でも、それは無理もありません。

いままで「義務感」を原動力として頑張ってきたわけで、それを手放すことは、ある種、これまでの自分を否定するような気持ちにもつながるからです。

たとえば、頑張っていい学校に入ったとか、仕事で成果を挙げたとか、表彰されたとか、そういう「自分を守る武装」に役立ってきた「義務感」について、「もう手放していいんですよ」と言われた場合、素直にそう思えるでしょうか？

そうは言ったって、「自慢の娘でなくちゃいけない」「頼れる息子でなくちゃいけない」「カッコいいパパでいなくちゃいけない」「子どもの支えになれるママでいなくちゃいけない」「自分が犠牲を払って頑張るのをやめたら、家族はどうやって生きていくの？」……これらはあくまで一例ですが、いろんな形で「義務感」が働くはずです。

その犠牲なしには日々が成り立たないでしょ！　と怒りにも似た気持ちが芽生える人もいるはずです。

　でも、頑張っていい学校に入る、仕事で成果を挙げる、表彰される……**すべての結果は、本当は「義務感」がないと手に入らなかったものではありません。**

　実際に、身の回りに何にも苦労じみたエネルギーがないのに、柳に風といった風情で仕事や受験等々がうまくいってしまう人、いなかったでしょうか？

　つまり、「義務感」なしではうまくいかないのではなく、「義務感」なしにうまくいったら「これまで必死に頑張ってきた自分は何だったの？」となってしまうので、その苦しい思考スタイルを手放せない、というカラクリなのです。

　ただ、日々みなさんも感じているとおり、「義務感」をもとにした頑張りは、多くの人にとって大きなしんどさを感じさせるものです。

　言うなれば、**走るための原動力にはなるけれど、それは同時に大量の排気ガスも出していて、クリーンなエネルギーではない**のです。

　そして、もっというと、いままでの「義務感」よりもクリーンで自分自身をもっと快適に動かせるエネルギー（＝子どものような、はしゃぐような無邪気さ）から、日々の行動を起こすこともできるのです。

みなさんもひょっとしたら、「義務感」を手放そうとしたときに、「本当に大丈夫なのかな？」と恐れを感じるかもしれません。でも、安心してください。

いま、「義務感」を手放しても、これまでの自分はいっさい否定されません。

たしかに、「義務感」を手放すと、「義務感」に応えたことで得てきたと感じている評価は消えます。

「いい学校に入った自分は偉い」「仕事で成果を挙げた自分は偉い」「表彰された自分は偉い」という、「〇〇したから偉い」という図式がなくなるからです。

すなわち、**「義務感」から頑張ったことで生まれた優越感も劣等感も、実はすべて自分が「認知」の中でつくり出した幻だった**というわけです。

ただし、それによって過去の自分が否定される、ということではありません。

なぜなら、義務感を手放すことで「〇〇した自分は偉い」という執着が消える代わりに、過去の自分に対する感謝は残るからです。

人は、過去の行ないによって素晴らしくなるのではありません。

本当は、どの時点のあなたもすでに素晴らしい。「いい学校に入ったから偉い」「成果を挙げたから偉い」「表彰されたから偉い」のではなく、そこには「いい学校に入った」「成果を挙げた」「表彰された」という事実がただあるだけ。

過去は、いまの自分の偉さをはかるための評価対象ではありませんし、評価がなくなったからといって過去のあなたが無価値なわけでもありません。

たとえ成果が出なかったものでも、どんなものであれ、いろいろな事実を積み重ねてきたからこそ、いまの自分があるわけですよね。

だから、**過去のすべての自分に感謝**なのです。

「義務感」は手放すことができます。そしてその手放しは、これまでの生きづらかった人生が、本当の意味で、ラクで幸せな人生へとクルリと反転するだけなのです。

実践：「義務感」にやられないためのテクニック

❶リスト化で自分の中にある「義務感」を洗い出す

自制心のある方ほど、これまで「義務感」をもとに毎日を頑張り、その結果、自分の行動が本当にやりたいことなのか、「義務感」からきていることなのか、わからなくなっているはずです。でも、もしいましんどさを感じているのなら、間違いなくそこには「義務感」が潜んでいるので、「しなくちゃ」と思っていることを思いつくだけ書き出して客観的な目で眺めてみてください。

❷手放せる「義務感」をピックアップする

いままで絶対にやらないといけないと思っていたことでも、書き出して客観的に見てみると、意外とやらなくても大丈夫そうなものもあるな、と感じないでしょうか？

「～のために」とよかれと思ってやるべきこと認定していたけれど、ひょっとしたらそうでもないかもしれない、と感じたものはなかったでしょうか？

一つでも見つけたら手放してみてください。手放せればラクになるはずです。もし、手放せなくても「いつでもやめていい」と思えていることは心の安定につながります。

逆にそれでもやめられない場合は、実は「～のために」ではなく自分がやりたいのかもしれません。「義務感」の意識で行なうのはやめよう、と切り替えてみてください。

❸「義務感」だと思ったら、一度やめる

同じ行動だとしても、人には楽しく感じる瞬間としんどく感じる瞬間があります。自然と笑っているのに対して、別のときに「さっきみたいに笑って」と注文されたら、同じ「笑う」でもストレスが違いますよね。この差が「義務感」です。

自然と負担なくできているうちは問題ありませんが、次第にやることにストレス（「しなくちゃ」「私ばっかり……」「自分が我慢して」等）を感じたら、その瞬間に一度その作業をやめてみてください。自然とまたやろうと思えたときにやれば、結果として同じことをしていても、「義務感」に蝕《むしば》まれない自分になっていけます。

Chapter 4

「認知」を変えれば、一生が変わる

色即是空の世界

「色即是空」（すべてのものは固有の本質を持っていない）という言葉をご存じですか？　この考え方、実は人の幸福感に大きく関係し、「丁寧道」にもリンクします。そんな、人生の幻に気づいて望む景色を見るためのお話。

いま信じている世界が、実は違うとしたら？

この本では、ここまで——

・Chapter 0では「丁寧道」のやり方
・Chapter 1では「丁寧道」のメリットと仕組み
・Chapter 2では「丁寧道」がうまくいかない人にオススメな考え方とテクニック
・Chapter 3では「丁寧道」を始めとして、そもそもすべてのことが続きにくい人の根っこにある「義務感」の取り除き方

——といったことについて僕なりの説明をしてきました。

いかがでしょうか。

「丁寧道」を生活に取り入れられそうでしょうか？

この本の最後となるChapter 4では、「義務感」よりもさらに奥にある、**人の幸福感・不幸感を司《つかさど》る「認知」**について取り上げていきたいと思います。

これまでにも時折、本書の中で「意味づけ」や「捉え方」という言い方が登場することがありました。「なんだ〜、結局気持ちの問題でしょ？」と思われていた方も少なくないかもしれません。

でも、僕はこの「認知」こそが、人生のあらゆることを決定づけているといっても過言ではないと思っています。

では、「認知」とは何なのか、「丁寧道」とはどんなつながりがあるのか、はたまた僕が「丁寧に対象を味わうこと」を「丁寧道」という「道」としてオススメする理由についてもお話ししていきたいと思います。

「忙しい」は幻!?

「丁寧道」を長続きさせ、軌道に乗せるうえでネックになる「忙しい」という意識。

Chapter 2では、「忙しいから、『丁寧道』が続かなくて……」と自覚できるようになるだけで、以前までのただ自分を責めている状態よりも前進しているので自分を責めないでくださいね、とお伝えしました。

この考えに変わりはありません。

ただ、これにはその先があります。

実はそもそも、**「忙しい」という認識そのものは自分がつくり出している幻**ですよ、という話です。

仕事でも家事でも、この世界において人がアウトプットとしてやれることというのは、体を動かすことしかありません。

頭脳労働であったとしても、それを自分の外に成果として表現するためには、手なり、声なり、どこかしらの部位を動かすことが必要であり、一個人のやれることの範囲も限られています。

一方、それでいてこの世界の時間というのは、例外なく一定に流れています。感じ方の差こそありますが、1分は誰にとっても60秒で、逆向きに流れたりもしません。

ということは、多少の個人差はあっても、人が何かタスクをする際というのは、できることの範囲内かつ全員が平等に与えられた時間の中で、ただ「やれることをやる」しか方法はないわけです。

その状況に対して「忙しい」とストレスを溜めながら作業をしようと、「忙しい」と思わないで作業しようと、仕事量・処理速度・時間の長さは何も変わらない——。

要は、**「忙しい」というのは現実そのものではなく、タスクが目の前にあるという現実を個人がどう捉えたかの心象風景にすぎない**のです。

たとえば、トランプゲームで連続する数字を相手よりも先に出していく「スピード」という遊びがありますが、それこそカードを出す速さを競いながらも楽しいですよね。わずかな時間の中でこなさなくちゃいけないことがいっぱいあって、一般的な状況としては「忙しい」に分類されるはずです。

でも、あのトランプゲームをやりながら、「もう、忙しい！」って不満を言ってストレスを溜めている人はたぶんいないでしょう。

すなわち、**忙しいのか、楽しいのか、起きている現象に対して判断を加えて色をつけているのは自分自身であり、自分が持つ世の中への「認知」を塗り替えられれば、必然的に世界そのものも変わってしまう**ということなのです。

自分の「認知」のクセを浮きぼりにする「ドライヤー理論」

「認知」について、トランプゲーム以外にも、もう一つ例を挙げてみましょう。

お風呂で髪を洗ったあとに使うドライヤーです。


濡れた髪の毛を乾かすとき、みなさんは、どんなふうにしていますか？

ブラシで髪を梳《と》かしたり、タオルで水分を拭きとったりしながら、「早く乾け〜」と思いつつ、ドライヤーを動かしている方も少なくないのではないでしょうか。

これは、僕的な表現でいうと「髪の毛が乾いている未来」に意識が向いている状態です。その未来が早く欲しいから、せかせか忙しくドライヤーを動かす。

つまり「**髪の毛が乾いている未来**」**が早く欲しい反面、まだ髪の毛が乾いていない現在の価値は相対的に低くなっている**ということ。本書でこれまでに登場した言葉だと「**いま、このとき**」**にいない状態**、といえるでしょう。

だから、髪を乾かしている間はそれが無意味な時間に思えて、なんだかめんどくさかったり、イライラしたりしがちになるわけです。


でも、ちょっと考えてみてください。

自分がイライラしようとニコニコしようと、ドライヤーのパワーは変わりません。手際のよさによって乾く速度は多少変わるかもしれませんが、では手際よく乾かすためには、必ずイライラしなくてはいけないのでしょうか?

そうではありませんよね。

要するに、「**自分の機嫌**」**と**「**ドライヤーのパフォーマンス**」**にはいっさい関係性がない**ということ。であれば、髪の毛を乾かしている間にイライラしているとしたら、それは、いわば「イライラ損」ですよね。何の得もないわけです。

ならば、まさにドライヤーで髪を乾かしている「いま、このとき」を丁寧に味わってみるというのはどうでしょうか。

おもむろにドライヤーのスイッチを入れ、吹き出す風を感じる。

そうしているうちに髪が乾いていきます。

湿っていた髪の毛が乾いていく、その刻一刻の変化を味わう。

すっかり乾いた部分と、まだ少し湿っている部分の違いを味わう。

すると、髪の毛を乾かすときにイライラする必要なんて、全然なかったんだと気づくでしょう。

このように、ドライヤーを使っているときの自分の状態を試しに見つめることだけでも、自分の「認知」のクセがわかりやすく浮かび上がってきます。

これが最近、僕が提唱している「**ドライヤー理論**」です。

イラつきや落ち込みの原因＝「時間の分離」

「忙しい」は幻、「ドライヤー理論」などと言われたって、毎日やらなきゃいけないタスクはたくさんあるし、日々の雑事もたくさんあるわけで、どうしたって自分の状態は「忙しい」としか思えないんですけど？

……そう感じた人もいるかもしれません。

それに対する僕の答えは、「忙しい」の前提にある**「やらなきゃいけない」も幻**、ということです。

Chapter 3にさかのぼりますが、「やらされる」のか、「やらせてもらっちゃう」のか、という話をしました。

あのときは、「義務感」を抱きながら何かをするのは効率が悪い、という流れでの話でした。当然その際にも「気持ちの問題でしょ」と思った人がいるかもしれません。
でも、その奥にあるのはやはり「認知」の問題なのです。
たとえば、「パソコンを使って文章を書く」という事実に対して――

- 「頭をひねって書かなきゃ」「たくさんキーボードを叩かなきゃ」「他にもやることたくさんあって忙しい」という「認知」を下すのか
- 「頭をひねると思ってもみなかった発想が降ってきて面白いな」「リズミカルにキーボードを叩くと、お坊さんが叩く木魚《もくぎょ》みたいでマインドフルネスだな」という「認知」を下すのか

――この二つの「認知」の仕方の差だけを見ても、「パソコンを使って文章を書く」という仕事の印象は大きく変わらないでしょうか。

「書かなきゃ」から「面白いから書きたい」にもなれるわけで、やはり「やらなきゃい

けない」も幻なわけです。

とはいえ、これは無理やり気の持ちようを変えましょう、という話ではありません。「木魚みたい」「これってマインドフルネスかも」というように、自分が楽しめるきっかけをフックとして設定することで、無理をせずとも自然とその事実をポジティブなものだと「認知」できるように持って行ってしまおう、という話なのです。

そして、**この「認知」の設定がうまくいったとき、気持ちだけでなく、目の前の世界そのものが変わっている**のです。

そもそも「忙」という字は、心が亡くなると書きます。文字の成り立ちからみても、「忙しい」は現実を指すものではなく、心の状態を表わした言葉です。

心というのは、「いま、このとき」にいないと、死んでしまいます。

先程のドライヤーの話でいえば、「まだ髪が濡れている状態」のうちから「髪が乾いている未来」のことしか考えてない。でも現実は、まだ髪が濡れているからイラッとする――。

これが**「時間の分離」**です。

人間のイラつきや落ち込みは、こんなふうに、「いま」と「未来」、「現実」と「何か到達したい地点」が矛盾を起こしていることが原因になっています。

では、この「忙しい」「やらなきゃいけない」といったネガティブな「認知」の発生源となっていた「時間の分離」は、どうすれば抑えることができるのか。

もうお気づきの人も多いでしょう。

それこそが「丁寧道」なのです。

「認知」をクリーンにしてくれるトリガー

本書では、「丁寧道」を理解していただきやすくするために、ある種同じ意味合いのことを多面的に、多角的にお伝えをしてきました。

では、「認知」の観点から述べるとどうなるかというと、**『丁寧道』は「認知」をクリーンにしてくれるメソッド**」だといえます。

Chapter 1で、丁寧に目の前の物事を味わうと負のノイズが消える、とお話ししましたが、これは言い換えると**ネガティブな「認知」が生まれる原因だった「時間の分離」を解消してくれる**、ということと同義です。

丁寧に行なって味わう、という行為そのものが、あなた自身を「いま、このとき」にいられるようにしてくれるのです。

これは別の一般語でいえば、**浮足立たない、地に足がついている、腹が据わっている**等々といったことに通じるでしょう。

書道においても、「いい字を書きたい」「きれいに書かなきゃ」と思って「時間の分離」が発生すると、心も指先もガチガチにこわばってしまいます。

小学校の書道の授業の最後に「今日の課題の字をこれから書いて提出しなさい」と言われると、とたんに手が言うことを聞かなくなったりした経験はないでしょうか。

そんなときは、筆の感触を丁寧に味わってみる。

かつて開いていた書道教室でも、緊張してしまう生徒さんがいると、「まず筆と仲良くなって、それから書いてみましょう」とお話しして、ゆっくり呼吸をしてもらいながら、筆を持った感触や筆を墨に浸す感触を一つひとつ味わってもらっていました。

すると、みんなフーッと肩の力が抜けて、自然と心が整い、リラックスして気持ちよく書くことができるようになります。

丁寧にいまを感じ尽くすからこそ、その瞬間には「時間の分離」が存在できないわけです。

ゆとりが丁寧を生むのか、丁寧がゆとりを生むのか

では、「忙しいから『丁寧道』なんてやれない」「そんなゆとりはないから物と仲良くなってる暇なんかない」と感じた方に、ここで真実をお伝えしてしまいましょう。

それは、**「ゆとりがあるから丁寧にできる」のではなく、「丁寧にやるからゆとりが生まれる」**ということです。

ある種、これは「お金があれば寄付します」っていうのと一緒かもしれません。

「じゃあ、いつであれば、お金がある状態なんですか？」と問われると、多くの人は

明確には答えられないでしょう。

他にも「モテたら結婚できる」「時間があれば旅行できる」「技能があれば字を上手に書ける」……みんな一緒です。

すべて「〇〇になれば、××できる」という条件が整うことが前提になっていますが、どんなに美男美女だろうと一人で家に居続ければモテようがないし、休日があっても時間がないと解釈すれば旅には動き出せないし、字を練習せずにいきなり上手に書けることなんてないですよね。

つまり、「条件が整う」という感覚も「認知」の問題なのです。

そして、**自分にあるものよりも、自分にないものに視野が向きがちな僕たち人間にとって「条件が完璧に整った」と疑いなく思える瞬間はほぼこない**のです。

一方で、**「丁寧道」には自分にあるものに気づかせてくれる力**があります。

たとえば、「丁寧道」をすることで、その製品に込められた技術やメーカーさんの心配り、人の思い遣りといった、実際にはずっとそこに溢れていたけれど、まったくキャッチできていなかった優しさを感じられる。

こうなると、人は自然と感謝の念が湧いたり、静かな感動がこみ上げたりすることが増え、この世界って素敵な場所なんだな、と心から思えるようになります。

すると、自分自身の感じ方も前向きになり、気持ちがよくなっていくので、丁寧に過ごしたいと思うことが増え、じっくり味わおうとする時間が増えているはずです。

この循環に入ってしまえば、「ゆとりがあれば……」と思わなくても、自分の心の中にゆとりが存在している状態になります。たとえ、「丁寧道」にかけられる時間が、一日に数分しかなくても、そこにはゆったりとした穏やかな時間が流れ始めるわけです。

このように、「丁寧道」には、ネガティブな認知を消すだけでなく、**ポジティブな「認知」と「ゆとり」を生み出してくれる効果**があります。

とはいえ、「やらなくちゃ」と思うと義務感が強まるので、あれこれ思考せずに、気が向いたときに、ちょっと丁寧を味わってみる、ぐらいラフにやってみるのがいいかもしれませんね。

丁寧を「道」として捉える意味

　ここまで「認知」についてお伝えをしてきましたが、このChapterの最後に、丁寧に味わうことをなぜ「丁寧道」と表現したのか、そんな「認知」ともかかわってくる「道」のお話をしたいと思います。

　僕自身、書道家として「道」を修める者なので、「そもそもなぜ書に『道』がついているんだろう」と思って調べたことがありました。

　それによると、元々「道」というものの根源は、中国の春秋時代の思想家（実在しない伝説上の人物ともいわれる）老子《ろうし》を祖とする「道《タオ》」という概念だそうです。

では、彼のいう「道」とは何なのか、というと老子が書いたと伝わる『老子道徳経』には「道は常に無為《むい》にして、而《しか》も為《な》さざる無《な》し」（道というものは、いつでも何事も為さないでいて、しかもすべてのことを為している）という一節があります。

ここでいう「無為」とは、何もしないでぶらぶらしていることではなく、「作為のない」ことを指します。

つまり、**道とは「作為的（主観的・意図的）ではないのに、何かを為している」ということ**なのです。

ちょっと意味がわからない……と思った方は、大自然を思い浮かべてみてください。天にも地にも作為・主観・意図はありませんが、太陽の日差しや雨の恵みを受けながら、生物は育っていきますよね。

いわばこれが「作為的（主観的・意図的）ではないのに、何かを為している」状態です。

また、老子は「無為自然《むいしぜん》」（作為がなく、自然のままであること）、「上善水《じょうぜんみず》の如《ごと》し」

（器によって形を自在に変え、また、常に低いところに向かって流れる水のような在り方が最上の善であること）という言葉も残しています。

すなわち**老子は、ナチュラルでニュートラルな在り方に戻り、形を自在に変えられる水のように、主観や作為に縛られた「自分」（自我）から解放されている——それが人間というものの本来的な状態だと「認知」した**のではないでしょうか。

これを僕流には、**すべては水のように「在って無いようなもの」＝「無《む》」や「空《くう》」**であり、Chapter 1でも述べたように、すべては物理学（量子力学）でいうところの原子＝エネルギーの存在なのだと解釈しています。

そして、こうした自我から解放された「道《タオ》」の状態に入れるある種の儀式が、神道・仏道・書道・茶道・歌道・華道・香道・剣道・装道……というような「〇〇道」なのかもしれません。

行為としては、祈るだけ、お経を唱えるだけ、書を書くだけ、茶を飲むだけ、歌を詠むだけ……だったものが、ひたすら型を繰り返すうちに自我から解放され、不思議と、祈る神聖さ、唱える心の静寂さ、書く喜び、茶を嗜《たしな》む喜び、歌を詠む喜びとなったように、**「丁寧道」も邪念を捨ててただただ行なってみると、そこには「なんだか気持ちいい喜び」が芽生えます。**

焦ってチャックを開け閉めしていたときには、引っかかって「クソ！」となっていたのが、丁寧にやってみると「こんなに気持ちよく開け閉めできて、ちゃんと閉まるから物を持ち運べる。ありがたいな〜」というように、あるものに気がつくことができるのです。

ですから、「『丁寧道』を続けることに意味があるのかなぁ……」と薄々思われていたみなさん、そんなときほど無心にただただ「丁寧道」を行なってみてください（笑）。

丁寧さによって成功を得ようと思うほどに、「達成するには丁寧にしなくてはいけない！」という具合に、苦しい努力に変わってしまいます。

ですがその反対に、丁寧さそのものを無心で喜ぶことができれば、おのずと「道」が生まれてくるはずです。

縦への成長ではなく、横に幸せが広がるイメージ

老子的な考え方と逆を行くものというと、僕は孔子《こうし》の教えではないかと思います。

孔子というと、「仁」といって「年長者に尽くすように」「誠実であるように」と唱え、さらにそれを外に示すべく「礼」という規範を守ることを理想としました。

つまり、「こうすべきだ」という教えが多い思想です。エリートに好まれやすい考え方といえるかもしれません。

一方、老子は「天地は仁ならず、万物をもって芻狗《すうく》と為《な》す」(天地には、「仁」なんてものはなく、万物を藁《わら》でつくった犬のように扱うのである)と述べています。

何者かになりたい、人格者であらねば、みたいな孔子的考えを否定し、そもそも人格者もクソもない、全部藁の塊だ、みたいな結構激しいロックな考えなんですよね。

そして、この孔子的な考えと老子的な考えというのは、常に流行《はや》り廃《すた》り、時代との相性の良し悪しがあるのだと思います。

たとえば、日本でいえば明治から昭和までの時代は孔子的だったのではないでしょうか。一生懸命に成果を挙げる、頑張って成り上がる、社会的に偉くなる……ハングリー精神で上に向かって伸びていこうとしていた時代です。

しかし平成以降は、それでは行き詰まり、こうしなきゃの「義務感」も相まって社会全体が苦しさを感じるようになってきてしまった。

だからこそ**いまの時代は、老子的な考えに立ち返るとき**ではないかと感じています。

多くの人が、上を目指して規範の中で「義務感」を抱きながら頑張ることで、地位や名誉、お金を得てきました。

でもそういった、**あなたが「自分」だと思っているレッテルは、意味づけにすぎず、本当はみなさんも僕も水のようにニュートラルな「空」であり「無」。社会的レッテル**

で固めた自分など実際には存在していなかったのです。

考えてみれば、劣等感も優越感も、性格も年収も、他人と自分を比べたときに生まれる相対的なものですよね。絶対的な「あなた」ではありません。

ですから、そうした外的なものから、そろそろ自分自身を解放してあげるのもいいのではないでしょうか。

そのための最高のツールが「丁寧道」なのです。

先程も述べましたが、「丁寧道」には、「なんだか気持ちいい喜び」があります。

それは、縦に伸びようとする幻の成長ではなく、感性が深く磨かれ、感謝や感動が育ち、愛おしいものが増える……そんな「いま、このとき」に確かに存在する横に広がっていくような幸せがあるからです。

ですから、みなさんもこの「丁寧道」によって、いつかは燃え尽きる目標や達成感とは一線を画す、持続可能な幸福感とともに毎日を過ごしてみてはいかがでしょうか？

おさらい：「認知」を味方につける方法

❶自分が信じている世界を疑ってみる

自分がいま見ている世界は、現実ではありません。みなさんが「現実だと信じている世界」です。ですから、同じ現象であっても捉え方を変えてしまえば、「しんどい」ことが「楽しい」ことに変わったりもします。

いま、自分がネガティブに感じることがあったら、「それって自分の思い込みかも」「他の捉え方ってできないかな？」と一度疑ってみてください。

❷気持ちが不安定なときほど、「丁寧道」を取り入れる

目の前の現象に対してネガティブな「認知」が生まれるときというのは、自分の意識が「いま、このとき」からいなくなっています。先々の不安や「こうあるべき」と思い込んでいる到達希望点に気持ちが奪われているのです。

こうした不安感から自分を切り離してくれるのも「時間の分離」が起きているのです。

丁寧に味わうことに集中しにくいかもしれませんが、「筆と仲良くなってみよう」「パソコンのキーボードでリズムをとってみよう」ぐらいのおふざけ心と一緒にやってみてください。たとえ、負のノイズが完全に断ち切れなかったとしても、その前の状態よりも断然よくなっているので安心してくださいね。

❸自分を「無」「空」の存在だと「認知」してみる

「道」の創始者の老子の思想というものは、作為なく自然、ナチュラルかつニュートラルなものでした。つまり、みなさんが「自分自身」だと思っているものも、周りとの対比から意味づけをしたものにすぎず、本来は無色透明だったはずなのです。

ですから、いろいろなしがらみで疲れたときはそのことを思い出してみてください。自分だと思い込んでいるもの、やらなきゃと思い込んでいるものは、本物なのかどうか――。「丁寧道」によって、チャンネルを「いま、このとき」に戻しましょう。

おわりに

これまで「丁寧道」について語ってきましたが、もともと自分自身が丁寧とは真逆の「雑」な道を生きていました。

幼い頃から先生に、「落ち着きがない、集中力がない」と通信簿に書かれていました。大人になってから、ADHDの傾向があると専門医に言われて、とても腑《ふ》に落ちました。いつも物はすぐになくすし、ドアはバーンと閉めるし、そもそもドアを締《し》めることも忘れてしまうし、と妻にも呆《あき》れられていましたが、妻は結婚してすぐに「もしかしたら、ADHDでは？」と気づいたそうです。

ADHDは「注意欠陥・多動症」といわれていますが、まさに多動性を持っています。一つのことに集中力が続かず、次々と違うことに気が移っていきます。

そして衝動的に動くので、よく物をなくしたり、壊したり、突然変なことを言ったりやったりして、周りを困らせ、生活に支障が出たりします。

そのときは反省しても、また同じことを繰り返してしまうのです。

しかし、書道家の母の幼い頃からの熱心な指導のおかげで、僕は書道をするときだけは落ち着くことができるようになりました。ゆったり墨をするだけで心が落ち着いてきます。筆を動かすときは丁寧に心穏やかになります。筆が大好きなので、筆を洗うときもゆっくりと丁寧に洗います。そして、それが楽しいのです。

いま思い返すと書道に救われてきたのだと思います。書道がなかったら、毎日落ち着きがなく、人生が取っ散らかっていたかもしれません。僕にとって書道は、いまでいう「メディテーション」になっていたのです。

墨の香りを丁寧に感じるだけで心がスーッと落ち着いてきます。先人たちは、よくぞ自然と心が落ち着く術を開発してくれたものです。墨職人さんたちも、どの香りや墨色や質感が人の心を落ち着かせるかを日々、研究してくれました。筆職人さんや硯《すずり》職人さん、紙職人さんも、使う人の心が整うように日々、技術を磨いてきてくれました。本当にありがたいことです。

30代に入ってから、ある日、ハッと気づいたことがありました。それは「日常生活に書道の感覚を応用すればいいのではないか」ということでした。

つまり、毎日行なう、歯磨きや食事や着替えなどの所作を書道のときのように丁寧に行なえば、日常的に心が整うのではないか、と。そのときから、僕は「丁寧道」に入門しました。

最初は全然上手にできなかったのですが、少しずつ上達していきました。最初があまりにもひどかったので、上達することが楽しく、長く続けられているのだと思います。いまでもできていないときもたくさんありますが、丁寧さが上達するたびに人生の幸福度も上がっていくのを実感しました。

心が整うと、周りの人との関係もよくなることもわかりました。まだまだ道半ばですが、これからも「丁寧道」の研究と実践を続けていきたいと思います。

この本を読んでくださったみなさんの心が少しでも楽になったり、楽しくなったりすることを願っています。この本を共につくるにあたり、丁寧に進めてくれた編集の名波さんとライターの福島さんに丁寧に感謝いたします。

令和3年11月吉日

武田双雲

丁寧道《ていねいどう》
――ストレスから自由《じゆう》になれる最高《さいこう》メソッド

令和３年12月10日　初版第１刷発行
令和６年３月10日　　　第７刷発行

著　者　武《たけ》田《だ》双《そう》雲《うん》
発行者　辻　浩明
発行所　祥《しよう》伝《でん》社《しや》
〒101-8701
東京都千代田区神田神保町3-3
☎03(3265)2081(販売部)
☎03(3265)1084(編集部)
☎03(3265)3622(業務部)
印　刷　堀内印刷
製　本　積信堂

ISBN978-4-396-61770-7 C0095
Printed in Japan
祥伝社のホームページ・www.shodensha.co.jp
©2021 Souun Takeda
造本には十分注意しておりますが、万一、落丁、乱丁などの不良品がありましたら、「業務部」あてにお送り下さい。送料小社負担にてお取り替えいたします。ただし、古書店で購入されたものについてはお取り替えできません。
本書の無断複写は著作権法上での例外を除き禁じられています。また、代行業者など購入者以外の第三者による電子データ化及び電子書籍化は、たとえ個人や家庭内での利用でも著作権法違反です。